기독교문서선교회(Christian Literature Center: 약칭 CLC)는 1941년 영국 콜체스터에서 켄 아담스에 의해 시작되었으며 국제 본부는 미국 필라델피아에 있습니다. 국제 CLC는 59개 나라에서 180개의 본부를 두고, 약 650여 명의 선교사들이 이동도서차량 40대를 이용하여 문서 보급에 힘쓰고 있으며 이메일 주문을 통해 130여 국으로 책을 공급하고 있습니다. 한국 CLC는 청교도적 복음주의 신학과 신앙서적을 출판하는 문서선교기관으로서, 한 영혼이라도 구원되길 소망하면서 주님이 오시는 그날까지 최선을 다할 것입니다.

추천사

이우제 박사
백석대학교 설교학 교수

저의 제자인 전태경 박사가 『작은 설교』를 번역해 더욱 기쁩니다. 저는 그의 설교에 대한 뜨거운 관심과 애정을 알고 있기 때문입니다. 오랫동안 수고 많이 했는데, 이 『작은 설교』를 통해 작지만 큰 변화가 일어나길 바랍니다.

저의 마음을 담아 현대 설교자에게 꼭 필요한 이 책 『작은 설교』를 적극 추천합니다.

이승진 박사
합동신학대학원대학교 설교학 교수

설교는 평생 배우는 자세를 가지는 것이 중요합니다. 부르심을 받은 설교자는 늘 자신의 설교를 점검하고 연마하는 겸손한 마음으로 임해야 합니다. 설교 준비에서 설교 전달, 설교의 모든 과정을 통해 효과적인 설교를 할 수 있는 설교자가 되기를 바랍니다. 이 『작은 설교』는 당신의 설교를 도울 것이며 당신의 청중을 변화시킬 것입니다.

박성환 박사
한국성서대학교 설교학 교수

『작은 설교』를 보자마자 '오, 재미있겠군!' 하는 마음으로 한순간에 다 읽어 보았습니다. 왜냐하면, 누구든지 쉽게 읽어 내려갈 수 있도록 25개의 단편으로 구성되어 있기 때문입니다.

그러나 책의 마지막 페이지를 덮는 순간, 평생 설교자로 살아온 저자의 설교학적 관록이 숨겨 있어서 몇 번을 반복해서 읽었습니다.

저는 설교학자로서 『작은 설교』를 읽으면서, 이 책은 초보 설교자뿐 아니라 베테랑 설교자에게도 귀한 선물이 될 것이며, 신학생들의 설교 실습에도 쉽게 적용할 수 있는 유익한 책이라고 생각합니다.

임도균 박사

한국침례신학대학교 설교학 교수

본 도서는 설교를 준비하는 자나 현장에서 매주 설교하는 설교자 모두에게 유용합니다. 이 책이 제시하는 25가지 설교의 지침을 설교에 적용해 보면 매우 유익할 것입니다.

이 책은 설교자들이 작고 쉬워서 소홀하게 여길 수 있는 설교의 삶을 점검하도록 돕습니다. 이 『작은 설교』는 코로나 이후 활력이 없는 우리의 강단에 다시 활력을 불어넣을 것입니다.

김대혁 박사

총신대학교 설교학 교수

작다고 무시하지 마십시오. 이 『작은 설교』는 당신에게 매우 큰 유익을 줄 것입니다. 이 책의 25가지 지침을 읽고 당신의 설교에 꼭 적용해 보십시오. 차츰차츰 당신의 설교가 성장하는 것을 실제로 경험할 것입니다.

김상구 박사
백석대학교 예배학 교수

나는 이 『작은 설교』를 받는 순간, '선물하기에 딱! 좋다'라는 느낌을 받았습니다. 번역자 전태경 박사와 친한 사제 지간이면서 동시에 이 책 『작은 설교』의 지침들 또한 매우 유익하기에 선물하고 싶은 마음입니다.

이 책을 번역하는 동안 옆에서 지켜보았기에, 이 『작은 설교』가 많은 설교자와 신학생에게 소개되어 유익을 주기 바랍니다. 기쁜 마음으로 적극 추천합니다.

댄 도리아니(Dan Doriani) 박사
커버넌트신학교 부총장

조나단 페닝톤은 집과 도서관과 강단에서 자신을 증명하는 사람입니다. 정말 마음에 드는 이 작은 책에서 보듯이, 그는 준비, 쓰기, 두려움(14장 '이 설교에서 고약한 냄새가 난다'), 칭찬, 비판에 대해 도움이 되는 조언, 명확한 학문적 자료를 활용합니다. 설교의 처음과 마지막 순간에 대한 그의 완벽한 조언을 놓치지 마십시오.

허셸 W. 요크(Hershael W. York) 박사

빅토르 & 루이스레스터신학교 학장, 남침례신학교 설교학 교수
벅런침례교회 담임목사

조나단 페닝톤의 『작은 설교』(*Small Preaching*), 이 책은 설교에 대한 자신의 기술을 연마하고 사고를 깊게 해 주며 설교의 효과를 증폭시키려는 설교자들에게 엄청난 도움이 될 것입니다.

이 책은 저명한 신약학자의 탁월한 주석 및 해석 기술과 하나님의 양 떼를 사랑하는 목자의 마음과 열정을 아름답게 결합한 책입니다.

그레그 샤프(Greg Scharf) 박사

트리니티신학교 설교학 및 목회학 명예교수
Prepared to Preach and Let the Earth Hear His Voice 저자

압축한 지혜. 멋진 그림 언어. 초보 설교자, 베테랑 설교자 그리고 그 사이에 있는 설교자 모두에게 유용합니다. 한 입 크기의 이 책에 쉽게 빠져들 것입니다.

이 책의 25가지 스낵으로 균형 잡힌 식사를 하십시오. 당신의 청중들이 당신을 축복할 것입니다.

J. T. 잉글리쉬(J. T. English) 목사
스토리라인교회 담임

　착실히 수행된 작은 일들은 시간이 지남에 따라 엄청난 영향을 끼칠 것입니다. 이 책 『작은 설교』에서 조나단 페닝톤은 작은 변화가 설교자와 그들의 설교에 큰 영향을 끼친다고 말합니다. 이 책은 이제 막 기술을 연마하기 시작하는 설교자들은 물론 노련한 목사들에게도 도움이 될 것입니다.

마이크 불모어(Mike Bullmore) 목사
크로스웨이커뮤니티교회 담임

　이 책은 겸손을 많이 요구하는 일에 대해 의도적으로 겸허하고 심지어 낮은 자세로 접근합니다. 페닝톤은 우리에게 설교가 '느린 예술'이라는 것을 매우 유용하게 상기시키며 전통적인 설교 책에서는 잘 다루지 않는 것들, 즉 설교 생활의 실제에 대해 많은 부분을 다룹니다.

　이 책은 자극적이고 도발적이며 당신의 설교에 대해 다시 생각하게 할 것입니다. 그 결과, 이번 주 주일 설교에는 좋은 열매를 맺게 될 것입니다.

브라이언 크로프트(Brian Croft) 박사
Practical Shepherding 설립자 및 상임이사

목회자들은 단순히 설교의 중요성과 영향력을 확증하는 또 다른 설교 책이 필요하지 않습니다.

그러나 지금 당신이 손에 들고 있는 이 책은 다릅니다. 조나단 페닝톤은 매우 유용하고 실용적이며 접근하기 쉬운 독특하고 통찰력 있는 작은 책을 썼습니다.

저는 모든 목회자의 설교가 발전하는 데 도움이 될 무언가가 이 책에 있다고 확신합니다. 사실, 우리 곁에 설교와 관련된 책이 많이 있지만 기대에 못 미치는 경우가 많습니다. 심지어 설교자 자신의 영혼조차 검토하지 못하는 현실을 생각해 보십시오. 놀라지 않을 수 없습니다.

이 책 『작은 설교』는 크기가 작고 분량은 많지 않지만, 모든 목회자가 원하고 필요로 하는 실제적인 지혜가 담겨 있습니다. 모든 목회자에게 추천합니다.

Small Preaching:
25 Little Things You Can Do Now to Become a Better Preacher
Written by Jonathan T. Pennington
Translated by Tae Kyung Jun

Copyright ⓒ 2021 Jonathan T. Pennington
Originally published in English under the title
Small Preaching: 25 Little Things You Can Do Now to Become a Better Preacher
by Lexam Press, 1313 Commercial St. Bellingham, WA 98225, USA.
LexhamPress.com
All rights reserved.

Translated and printed by permission of Lexam Press.
This Korean Edition Copyright ⓒ 2022 by Christian Literature Center, Seoul, Korea

작은 설교
탁월한 설교자를 세우는 25가지 지침

2022년 6월 10일 초판 발행

지 은 이	|	조나단 T. 페닝톤
옮 긴 이	|	전태경
편 집	|	한명복
디 자 인	|	김소영
펴 낸 곳	|	(사)기독교문서선교회
등 록	|	제16-25호(1980.1.18.)
주 소	|	서울특별시 서초구 방배로 68
전 화	|	02-586-8761~3(본사) 031-942-8761(영업부)
팩 스	|	02-523-0131(본사) 031-942-8763(영업부)
이 메 일	|	clckor@gmail.com
홈페이지	|	www.clcbook.com
송금계좌	|	기업은행 073-000308-04-020 (사)기독교문서선교회
일련번호	|	2022-53

ISBN 978-89-341-2433-7 (93230)

이 한국어판 저작권은 Lexam Press와(과) 독점 계약한 (사)기독교문서선교회가 소유합니다. 신저작권법에 의하여 한국 내에서 보호를 받는 저작물이므로 무단 전재와 무단 복제를 금합니다.

작은 설교

탁월한 설교자를 세우는 25가지 지침

목 차

추천사

이 우 제 박사 | 백석대학교 설교학 교수
이 승 진 박사 | 합동신학대학원대학교 설교학 교수
박 성 환 박사 | 한국성서대학교 설교학 교수
임 도 균 박사 | 한국침례신학대학교 설교학 교수
김 대 혁 박사 | 총신대학교 설교학 교수
김 상 구 박사 | 백석대학교 예배학 교수
댄 도리아니 박사 | 커버넌트신학교 부총장
허셀 W. 요크 박사 | 빅토르 & 루이스레스트신학교 학장
그레그 샤프 박사 | 트리니티신학교 설교학 교수
J. T. 잉글리쉬 목사 | 스토리라인교회 담임
마이크 불모어 목사 | 크로스웨이커뮤니티교회 담임
브라이언 크로포트 박사 | Practical Shepherding 설립자

감사의 글

저자 서문

역자 서문

제1부 설교자로서의 사람

1. 칭찬을 조심스럽고 기쁘게 다루기
2. 비판을 주의하여 겸손하게 다루기
3. 한 형제 설교
4. 지휘로서의 목회
5. 하나님의 변호사가 아니라 하나님의 증인이 되라
6. 설교와 강의의 구분
7. 엔코스틱(encaustic) 설교

제2부 설교를 위한 준비

8. 생각하듯 원고 작성
9. 조각으로서의 설교 작성
10. 스낵 작성
11. 교육의 리듬과 퍼즐 조각 맞추기
12. 당신이 사랑하는 것을 없애기
13. 빙산 설교
14. 이 설교에서 고약한 냄새가 난다

제3부 설교의 실제

15. 설교의 첫 순간
16. 설교의 마지막 순간
17. 교회력을 통해 설교하라
18. 문화력을 통해 설교하라
19. 예측의 힘
20. 모든 설교를 이야기로
21. 당신의 설교를 음악으로 만들라
22. 항상 강해 설교로?
23. 검토와 반성이 없는 설교는 설교할 가치가 없다
24. 결혼식과 장례식에서 안내자가 되어 주라
25. 훔쳐라, 하위 창조자들처럼

결론

미주

트레이시 페닝톤에게

아내는 25년 동안 제 설교를 충실히 들어 왔습니다.

그녀의 조언은 헤아릴 수 없을 정도로 가치가 있습니다.

내 모든 설교의 효과는 토요일 밤에 그녀의 훌륭한 조언을 들었는지,

안 들었는지에 따라 결정될 정도입니다.

저의 설교는 아내의 훌륭한 조언과 밀접하게 연결되어 있습니다!

감사의 글

  이 작은 책을 만드는데 많은 사람이 나를 도와주었다. 그들의 수고에 감사를 표하고 싶다.

  트리니티신학교(Trinity Evangelical Divinity School)의 설교학 교수인 마이크 불모어(Mike Bullmore)와 그레그 샤프(Greg Scharf)는 항상 친절하게 격려해 주었다. 나의 첫 설교 실습 후 불모어 박사가 나를 옆으로 끌어당기며 나의 소명과 은사에 대해 격려해 준 말을 결코 잊지 못한다. 그의 친절한 말이 나에게 용기를 주었다. 샤프 박사는 이 책에 있는 대부분의 글을 진지하게 읽고 건설적인 피드백을 해 주었으며 수년 동안 멀리서 나를 계속 격려해 주었다.

  소전이스트교회(Sojourn East Church)에서 케빈 재미슨(Kevin Jamison) 담임목사님과 함께 강단을 나누는 것은 선물이자 기쁨이다. 그는 구태여 나를 설교 사역에 동참하도록 초대할 필요가 없었지만, 겸손과 기쁨으로 그는 그렇게 했다. 그 결과 우리 각자가 설교 비전과 내용에 대해 지속적으로 협력할 수 있었고 우리 각자의 스타일을 강단에 가져오는 아름다운 파트너십이 되었다.

또한, 우리가 풍성한 '한 형제들' 방식으로 자료, 아이디어 및 설교 원고를 공유하는 것을 매우 기쁘게 생각한다.

지난 5년 동안 내가 쓴 대부분의 책은 내 전(前) 행정 조력자이자 여전히 친구인 안나 풀 몬달(Anna Poole Mondal)의 보이지 않는 지문이 묻어 있다. 그녀는 끊임없는 격려의 원천이었으며 친절하게도 이 책의 모든 글을 예리하게 편집, 수정해 주었다.

마지막으로 이 책을 27년 이상 나와 살아 준, 나의 아내 트레이시 페닝톤에게 헌정한다. 이 책 앞쪽의 헌정 글에서도 알 수 있듯이, 나의 설교는 두 가지 범주로 평가할 수 있다. 곧 내가 아내와 토요일 밤 이야기하고 설교한 것과 이야기하지 않고 설교한 차이이다. 이 두 가지 범주에는 명확하고 일관된 차이가 있다. 아내는 나의 허풍, 게으름, 자기 의존, 상투적인 말투를 모두 꿰뚫어 보고, 항상 나를 진심으로 가도록 밀어붙이고, 내가 말하고 싶은 것이 아닌 하나님이 무엇을 말씀하시려는지를 깨닫게 해 주었다.

또, 지치고 상처받은 사람들에게 은혜와 친절을 베풀기 위해 간구하게 하는 유일한 사람이다. 아내는 나에게 주신 선물이며 아무도 모르는 모든 이의 선물이기도 하다.

저자 서문

조나단 T. 페닝톤 박사

미국 남침례신학교 신약학 교수

'작은'이라는 단어는 특별히 긍정적인 단어는 아닐 것이다.

어느 누가 작은 은행 계좌, 작은 명예, 작은 급여나 작은 혜택을 받는 직업을 원할까?

우리가 낭만적으로 작은 교회에 장점 몇 가지를 생각할 수 있지만, 마음으로는 교회가 크고 성장하는 것보다 작은 교회가 되기를 바라는 목회자는 거의 없으리라 생각한다.

나는 설교에 대해 누구도 '작은'과 '설교'를 긍정적으로 결합한 적이 없었기에 이 '작은 설교'를 제안하고자 한다. 비과학적인 데이터 중 하나를 보면, 어쩌면 시장성이 있는 웹사이트 도메인 이름은 쉽게 돈을 벌고자 하는 불법 점유자들에 의해 빼앗긴 시대이지만, 이 '작은 설교' 웹사이트(www.smallpreaching.com)는 내가 손쉽게 사용할 수 있었다(나는 지금 그것을 소유하고 있으므로 어떤 방안도 필요하지 않다. 실제로 훌륭한 자원을 확인해 보라).

그러나 '작은' 것은 훌륭하고 심지어 혁명적일 수도 있다. 2013-2014년 시즌 동안 캔사스시티 로얄스(Kansas City Royals)의 야구와 골든 스테이트 워리어스(Golden State Warriors) 농구팀이 연습한 '작은 공'을 생각해 보자. 로얄스는 '작은 공' 전략을 사용해 막대한 예산이나 고액의 홈런 강타자 없이 매우 성공할 수 있음을 보여 준 팀이었다. 그들은 안타, 번트, 도루, 희생 플라이와 같은 작고 체계적인 스텝 기술을 사용해 주자를 1, 2, 3루를 거쳐 홈으로 돌아오게 했다. 그리고 효과가 있었다. 마찬가지로 워리어스는 골대 아래에 '빅 맨'(장신 선수)을 두는 데 집중하는 대신, 여러 민첩한 드리블러와 슈터를 사용해 빠르게 진행되는 공격을 통해 큰 성공을 거두었다.

제임스 랭(James Lang)은 그의 훌륭한 책 『작은 가르침』(*Small Teaching*)에서 '작은'의 개념을 적용해 교사가 자신이 하는 일에서 더 효과적이 되도록 돕는다.[1] 랭은 자신도 교수이기에, 대부분 교사가 자신의 기술을 개발하고 더 매력적이며 효과적인 사람이 되기를 원하지만, 그렇게 하는 것이 어렵다는 것을 알고 있다. 많은 컨퍼런스, 책, 세미나는 교사들에게 교육과 강의의 근본적인 혁신이 우리의 모든 문제를 해결할 것이라고 약속한다.

그러나 랭은 교사와 교수가 모든 교실을 확 뒤집고, 학교 전체를 개조하고, 가르친 모든 것을 버리는 등 자신이 하던 모든 일을 바꾸는 것은 불가능하다고 올바르게 주장한다. 대신에 교사가 강의 및 학습에 접근하는 방식을 약간 방법론적으로 변화를 주는 작은 단계를 수행하는 것이 훨씬 더 지혜롭고 현실적이며 효과적이다. 교수법의 개선은 '작은 공' 접근 방식이며, 그것이 효과가 있다.

"작은 공, 작은 가르침 그리고 지금, 작은 설교."

직업적으로, 나는 교수이자 설교자이며 이 두 역할에 매우 관심이 있다. 나는 이 두 역할이 공유하는 것, 즉 의사소통 행위에서 탁월함과 아름다움의 중요성에 집중하는 데 많은 시간과 에너지를 할애한다. 또한, 나는 설교자들이 자신의 부르심을 실천하면서 직면하는 많은 어려움을 알고 있다. 당신도 이 책을 읽고 있다면, 당신도 아마 이 모든 것에 관심을 가질 것이다.

이 책에서의 내 목표는 의도적으로 더 나은 설교를 위해 작은 가르침 단계를 만드는 데 도움을 주는 것이다. 이 책은 설교의 전체 철학과 실천에 관한 책이 아니다. 세상에는 그런 좋은 책이 많이 있고, 나는 그 책에서 많은 영감과 도움을 이미 받았다. 만약 당신이 신학교에서 설교학 과정을 수강한 적이 있다면, 당신은 교수님의 버전이 있을 것이라고 확신한다. 그럼에도 이 책의 탁월함은, 이 책은 당신이 오늘 당장 시도해 볼 수 있는 작은 아이디어의 책이라는 것이다.

다이어트나 운동, 새로운 기술 습득에서 지속적인 변화는 어떻게 일어나는가?

시간이 지나도, 같은 방향으로 작은 단계를 수행함으로써 가능하다. 이 책은 2억 달러의 강타자나 약 2미터 20센티미터의 센터를 고용하는 형태와 같이, 이 한 가지만 하면, 설교가 마술처럼 달라질 것이라고 약속하지 않는다. 대신에 성실하고 의도적으로 길게, 체계적인 게임을 한다면, 큰 결과를 가져올 수 있는 몇 가지 작은 아이디어를 제안한다.

작은 설교는 특정한 방식으로 세상을 보도록 초대하는 25개의 짧고 쉽게 소화할 수 있는 글 모음이다.

이 너겟(nugget) 크기의 탐구는 즐거운(Pleasant) 'P'의 매혹적인 두운(법)으로 완성된 세 가지 제목으로 구성되어 있다. 사람으로서의 설교자(The Person of the Preacher), 설교를 위한 준비(The Preparation for Preaching), 설교의 실제(The Practice of Preaching)이다. 여기에는 우리가 찾을 수 있는 접근 방식, 주제, 내용 및 방식이 다양하게 있다. 몇 가지 설교의 비전, 몇 가지 도전과 습관, 몇 가지 전문가로부터 수집한 '고급 정보'(pro tips)를 제공한다.

그러나 여러분이 이것들을 교회에서 처음 시작하려고 하든, 오래전 있던 곳에서 하든, 상관없이 큰 효과를 더하고자 한다면, 무엇보다도 작은 변화를 생각하도록 초대한다.

무슨 말인가?

그러니 지금 작게 시작하라.

역자 서문

전 태 경 박사

백석문화대학교 외래교수

  이 『작은 설교』는 2021년에 출판된, 초보 설교자나 베테랑 설교자 모두에게 매우 유용한 책이다. 신약학자이자 설교가인 조나단 페닝톤 교수의 깊은 통찰과 권면은 명쾌하면서도 설교자의 삶과 사역에 경종을 울린다.

  어려운 시대를 살아가는 설교자들과 한국 교회 그리스도인들에게 이 작은 책이 큰 힘을 줄 것이라고 확신한다. 또, 이 책은 다른 어떤 책보다 지금, 바로 설교의 삶에 실천할 수 있는 훌륭한 지침서라고 생각한다.

  이 책은 내용에 있어서, 결코 가볍지 않으며 깊이가 있다. 우리 설교자들을 위해 중요하지만 간과하기 쉬운 필수적인 지침들과 경험들을 이 책은 풍성하게 담아내고 있다. 바쁜 시간에 쫓기는 한국 교회 설교자들과 코로나 이후의 설교 사역을 준비하는 모든 설교자와 신학생에게도 도움이 될 것이라고 믿는다.

번역자로서 이 책을 만나게 되어 매우 기뻤다. 나는 지난 여름과 가을 내내 열정을 다해 이 책을 번역하며, 그동안 내가 설교해 온 것을 돌아보고 설교의 새로운 길을 모색할 수 있게 되었다. 올해가 가기 전에 독자들에게 소개되기를 기도했는데 이를 응답해 주신 하나님께 깊은 감사를 드린다.

이 좋은 책을 번역할 수 있도록 도와주신 기독교문서선교회(CLC) 대표 박영호 목사님과 직원분들, 용기를 낼 수 있도록 격려해 주신 여러 교수님, 특별히 추천사를 써 주신 이우제, 이승진, 박성환, 임도균, 김대혁, 김상구 교수님께 깊은 감사를 드린다. 그리고 원고를 살펴 주시고 더 좋은 책이 될 수 있도록 검토해 주신 나의 학부 시절 은사 김기창 교수님께 감사드린다.

끝으로, 아내 손서연, (조나단 페닝톤의 고백처럼) 그가 나의 설교의 삶을 결정하는 중요한 사람이라고 말하고 싶다. 늘 친구처럼, 동료처럼, 나의 곁에서 하나님 나라를 이뤄 가는 동반자이다. 또한, 이 번역 작업을 응원해 준 사랑하는 두 아들 권율, 권민이가 앞으로 더 멋진 하나님의 자녀가 되기를 기도한다.

제1부
설교자로서의 사람

1. 칭찬을 조심스럽고 기쁘게 다루기
2. 비판을 주의하여 겸손하게 다루기
3. 한 형제 설교
4. 지휘로서의 목회
5. 하나님의 변호사가 아니라 하나님의 증인이 되라
6. 설교와 강의의 구분
7. 엔코스틱 설교

1.
칭찬을 조심스럽고 기쁘게 다루기

우리 인간은 관계적인 삼위일체 하나님의 형상으로 만들어졌으므로, 다른 사람들의 격려와 사랑이 필요하다. 인간은 창조의 시기에 완전히 홀로 있었던 아주 짧은 시간이 있었고, 하나님의 결정은 분명했다.

> 사람이 혼자 사는 것이 좋지 아니하니 (창 2:18).

설교하도록 부르심을 받은 설교자를 포함하는 모든 인간은, 다른 인간의 격려와 사랑이 필요하다. 디모데전서 5:18에 "일꾼이 그 삯을 받는 것이 마땅하다"라는 것은 재정적으로만 아니라 관계적으로나 감정적으로도 적용된다. 칭찬은 선하고 자연스러운 필요이다. 지탱하게 하는 선물이다.

내가 관찰한 대부분의 설교자는 칭찬과 찬사받는 것을 주저한다. 잘못된 것이다. 칭찬을 받는 동시에 목회자는 그 칭찬을 건강하게 처리하는 방법에 대해 주의해 생각하면 된다.

우리는 설교의 칭찬에 대해 건강한 수용을 2개의 부사로 요약할 수 있다.

그것은 "조심스럽게"와 "기쁘게"이다.

조심스럽게

우리는 칭찬을 받는 방법에 대해 몇 가지 주의해야 한다. 에밀리 딕킨슨(Emily Dickinson)이 명성을 말한 이유는, 명성이 모든 형태의 칭찬에 더 보편적으로 적용되기 때문이다.

> 명성은 꿀벌과 같은 것.
> 노래가 있고
> 침도 있지
> 아, 그리고 보니, 날개도 있지.[2]

명성과 칭찬은 덧없고 변덕스럽다. 다른 사람의 칭찬을 마음속에 많이 넣어 두는 것을 주의하라. 칭찬의 사촌인 비판이 어김없이 해 대는 비난에 놀라 나자빠지지 않도록, 칭찬 듣기에 적당한 거리를 유지하라.

우리가 칭찬을 받을 때 주의해야 하는 두 번째 이유는, 궁극적으로 중요한 칭찬, 즉 하나님, 그분으로부터 오는 칭찬과 영광을 보지 못하게 하는 중독성 약물이기 때문이다.

마태복음 6:21에서 예수님은 다른 사람의 칭찬을 구하는 것의 위험성에 대해 자세히 가르치신다. 우리의 문제는 보상이나 칭찬에 대한 인간의 자연스러운 욕망이 아니다. 우리의 문제는 엉뚱한 곳에서 칭찬을 받고자 하는 충동과 사랑이다. 우리를 칭찬하는 사람들의 이 땅에서의 상을 소중히 여기다 보면, 하나님의 상이 아닌, 단지 그 보물만을 얻게 될 것이다. 우리의 보물이 있는 곳에 우리의 마음도 있는 것이다. 그러므로 칭찬의 선물을 조심스럽게 열어야 한다.

기쁘게

대부분의 설교자는 칭찬의 위험성을 알고 있으며, 우리 대부분은 어리석게 명백한 자기 홍보의 방식으로 공개적으로 칭찬을 구하지 않을 것이다(감지하기 어려운 칭찬을 구하거나 옆구리 찔러 절 받기가 더 많다. 그렇다. 인정한다). 칭찬을 수용하는 자세는 칭찬을 기쁘게 받는 것인데, 이와 같은 겸손은 우리로 하여금 다른 사람의 칭찬을 포용하는 데 오히려 어려움을 겪게 한다.

칭찬을 받는 것은 선하고 자연스럽고 유익하다. 이것은 기본적이고 죄가 아닌 인간의 필요이다. 더욱이 성경이 가르치는 대로 우리는 마땅히 존경해야 할 곳에 존경을 드려야 한다. 부르심을 받고 은사를 받고 설교의 기술에 힘쓰는 설교자는 합당한 존경을 받을 만하다.

비성경적 이타주의는 하나님이 우주를 만드셨던 방식을 피한다. 선은 선을 낳는다. 노동은 존경을 낳는다. 부지런히 씨를 뿌리는 사람은 그 열매를 거두게 된다. 그러므로 우리는 우리의 설교에 대한 칭찬받기를 주저하거나 저항해서는 안 된다. 이것은 거절할 수 없는 선물이다. 그것은 좋고 옳다.

당신은 누군가가 직접 또는 이메일로 당신을 칭찬할 때 어떻게 말하는가?

나는 감사하는 마음으로 이 순간을 받아들이고 다음과 같이 몇 가지를 조합하여 말한다.

- 메시지가 당신에게 유익이 되셔서 기쁩니다. 감사합니다.
- 참 친절하시네요. 시간을 내어 격려해 주셔서 감사합니다.
- 아주 좋은 소식입니다. 저도 다른 사람들처럼 격려가 필요합니다.

칭찬을 무시하거나 비껴가는 것은 겸손이 아니다.

"오, 제가 아닙니다. 하나님만이 공로를 받습니다."

이것은 당신의 선물과 하나님의 우주적인 구조를 불명예스럽게 한다. 누군가가 당신의 설교에 대해 감사하면, 이 좋고 아름다운 선물을 받아 하나님이 창조하신 주고받는 순환을 최대한 완성하는 것이다.

지혜의 길은 항상 칼의 날이다. 균형 잡힌 걸음을 유지하는 것보다 한쪽 또는 다른 쪽으로 떨어지는 것이 더 쉽다. 설교를 칭찬하는 것과 우리의 관계가 어리석은 자기 과시나 자기 비하의 거짓 겸손에 속해서는 안 된다. 칭찬은 탐식도, 굶주림도 좋지 않다는 점에서 음식과 같다.

지혜로운 설교자는 칭찬을 우상 숭배적인 생명의 근원이 아니라 건강한 삶을 가능하게 하는 선물로 볼 것이다. 칭찬받는 것을 두려워하지 말고 조심스럽게, 기쁘게 받아들이라.

2.
비판을 주의하여 겸손하게 다루기

만약 교인들이 당신에게 다가와 전에 있던 목사보다 당신이 더 낫다고 말해 주면서 끝없는 선물 바구니와 색종이 테이프가 뿌려지는 행진(역자 주: 미국 뉴욕시 전통)을 기대하면서 설교를 한다면 글쎄, 아마도 금속공학 분야에서 경력을 쌓거나 목회와는 거리가 먼 것을 선택하는 것이 더 나을 수 있을지 모르겠다.

나는 끊임없이 계속되는 칭찬을 기대하는 설교자는 거의 없다고 생각한다. 그럼에도 불구하고, 특히 비판을 받는다면(예상치 못한 사람들로부터, 또는 이미 지난 휴식 시간에), 그것은 우리를 놀라게 하고 상처를 준다. 그리고 그것은 우리에게 개인적인 고통을 줄 뿐만 아니라, 비판을 어떻게 처리하느냐가 교회와 사역 전반에서 살아남을 수 있는지를 결정하는 가장 중요한 요소가 될 것이라고 생각한다. 비판을 어떻게 받아들이느냐가 그만큼 중요하다. 당신을 더 강하게 만들지 않는 비판은, 분명히 당신을 죽일 것이다. 비판이 당신을 더 강하게 만들도록 하려면, 그것을 주의하여 겸손하게 다루라.

주의하여

설교는 행위이고, 부정적인 의미가 아니라 공적인 일이나 기술을 실행하거나 수행하는 더 넓은 의미이다. 당신이 철저한 검토를 위해 사람들 앞에서 자기 자신을 드러내고 있다는 것은 설교에 내재되어 있다. 그러므로 당신의 생각, 당신의 위치, 당신의 능력, 당신의 매너, 당신의 옷차림, 당신의 기술이 평가되는 것은 피할 수 없다. 그리고 조만간 (보통 더 일찍) 누군가 통찰력이나 무지에 근거하여 크든 작든, 공정하든 불공정하든 비판적인 말을 하게 될 것이다.

형식, 시간, 유형 또는 자료가 무엇이든 비판을 주의하여 다루어야 한다. 이것은 무엇보다 먼저, 즉시 응답하지 않겠다고 결정하는 것을 의미한다. 매주 비판을 예약한 까칠한 노인이 예배당을 가로질러 당신에게 다가오는 것을 볼 수도 있다. 아니면 당신을 좋아한다고 생각했던 누군가로부터 한두 다리 건너 들은 작은 지적일 수도 있다.

어느 쪽이든, 그 순간, 심호흡을 하고 주먹을 쥐는 것이 아니라 두 팔을 벌린 자세를 상상해 보라.

반격하지 마시라.
자신을 방어하지 마라.
순간에 분노가 촉발되지 않도록 자제력을 길러라.

"알겠습니다"라고 대답할 수 있다면, 지금은 그것으로 충분하다. 만약 지금 할 수 있다면 적절하게 "고마워요. 생각해 보겠습니다"라고 대답하는 것이 더 나을 것이다. 유순한 대답은 대부분의 분노를 쉬게 하지만, 거친 대답은 더 많은 비판을 불러일으킨다.

그런 다음 생각할 기회가 있을 때, 자료, 형식, 내용 등 모든 측면의 비판을 주의하여 기도하는 마음으로 고려하라. 당신이 검토할 수 있고, 그것을 곰곰이 생각하고, 사방에서 볼 수 있는 당신 자신의 바깥에 있는 가상의 대상(사람이 아닌)으로서의 비판을 상상해 보라.

일부 비판은 즉시 창밖으로 던져질 수 있고 그래야 한다(그리고 그것을 찾으러 나가지 마라). 일부 비판은 중요한 말이 있으며 더 검토해야 한다. 일부는 주의를 기울여 작고 가치있는 진실한 생각을 벗겨 낼 필요가 있다. 그러나 세심하게 계획된 지혜의 눈으로 비판을 주의하여 고려해야 한다. 맹목적으로 비판을 무시하고, 그것이 당신의 모든 행동을 이끌도록 놓아두는 것은 마찬가지로 어리석고 위험하다.

겸손하게. 하나님은 교만한 자를 대적하시되 겸손한 자에게 은혜를 주신다(시 138:6; 약 4:6; 벧전 5:5). 이 창조적 말씀의 깊은 자명함이 성경 전체에 걸쳐 반복되는 이유가 있다. 겸손의 결핍은 파괴적이다. 오만, 겁쟁이 형제와 방어 등은 하나님이 누구이시며 그의 세상이 어떻게 역사하는지에 대한 반대의 입장에 선다.

겸손이 더 필요하거나, 그 순수함이 비판과 같은 제련의 불보다 더 많이 시험되는 곳은 어디에도 없다. 그러므로 비판에 직면할 때, 겸손한 마음으로 손님이나 선물처럼 환영하라.

비판을 겸손하게 받아들이는 첫 번째 단계는 비판을 성장의 기회로 보는 것이다. 이것이 어렵다는 것을 알고 있기에, 비판을 객관화해야 한다고 말한 것이다. 이러한 과정은 당신이 할 수 있는 것을 배울 수 있는 심리적 공간을 제공할 것이다.

질문해보라.

'비판 내용 중 사실인 것은 무엇인가?'
'내가 더 잘할 수 있는 것은 무엇인가?'
'나 자신에 대해 무엇을 바꿀 수 없는가?'
'함께할 수 있는 것은 무엇인가?'

더 나아가 비판을 내 영혼의 건강을 들여다보는 창으로 사용하라.

'왜 이 비판이 나를 화나게 하는가?

이것이 나에게 어떤 두려움, 불안, 수치심을 불러일으키는가?'

이 수준의 겸손하고 정직한 영혼의 일을 시작하면, 진정한 성장이 일어날 수 있다. 겸손은 영혼의 토양을 경작하며, 비판은 튼튼한 성장을 위해 땅을 비옥하게 하는 거름이 될 것이다. 이러한 자기 성찰 후에 추구해야 할 가치 있는 비판이 있다면, 겸손한 마음으로 신뢰할 수 있는 몇 친구에게 가서 그들은 어떻게 생각하는지 물어보라.

이 비판을 통해 더 생각해야 할 무언가가 있는가?
배울 것이 무엇인가?
즉각적인 변화가 필요한가?

하나님은 우리 안에서 이런 종류의 겸손에 대해 큰 은혜를 베푸실 것이다. 설교자의 삶은 큰 기쁨과 만족의 순간, 자기 의심과 고통의 순간을 포함한다. 다른 사람들의 비판은 매우 충격적이거나 끔찍할 수 있다. 나는 작은 비판이라도, 잇몸에 낀 팝콘 껍질처럼 박혀서 끊임없이 짜증나게 하고 그것을 제거하기 위해 사로잡혀서 자극하는 것처럼, 내 영혼에도 그런 것이 박혀 있다는 것을 알아차렸다.

비판을 잘 처리하지 못하면, 우리 자신뿐 아니라 우리의 사역을 망칠 수 있다. 하지만 그렇게 되면 안 된다. 우리의 설교 기술이 성장할 수 있는 것처럼, 비판을 주의하여 겸손하게 다루는 법을 배우면, 우리는 성장할 수 있다.

3. 한 형제 설교

 1415년 10월 25일 성 크리스핀의 날(Saint Crispin's Day), 아쟁쿠르 마을에서 영국 왕 헨리 5세는 9,000명 정도의 그의 군대 앞에 서 있었고, 프랑스군 36,000명에게 포위당했다. 그는 성 크리스핀의 날에 전투에 참여하지 않은 모든 이가 "우리, 비록 수는 적으나 그렇기에 행복한 우리들, 우리는 모두 한 형제"라고 외치는 것을 질투할 것이라고 선언한다. 셰익스피어는 사람들에게 헨리의 이 유명한 연설을 되풀이하며 그들의 상처나 죽음을 항상 기억하고 용감하게 그날의 전투에 참여할 수 있도록 격려한다.

 이 연설은 제2차 세계 대전의 암울한 시기에 영국의 라디오를 통해 방송되는 등 계속 영감을 주었다. 또한, 이 연설은 '한 형제'라는 문구를 많은 이야기에 빌려주었고, 리처드 윈터스(Richard Winters) 소령이 이끄는 낙하산 부대가 노르망디에 상륙해 히틀러의 본부인 켈슈타인하우스까지 싸웠던 것을 포함한다. 인류의 핵심적인 변혁의 경험 중 하나는, 온갖 시련을 겪으며 동거하면서 깊이 느끼는 동지애이다.

나는 지나치게 극적이거나 현실주의적으로 들릴 수 있는 위험을 무릅쓰고, 우리 목회자들이 우리 자신을 설교의 한 형제로 생각하도록 격려하고 싶다. 한 형제로서 설교한다는 것은, 설교 생활의 방향을 의도적으로 상호 의존 중심으로 바꾼다는 것을 의미한다. 설교 생활의 기념비적인 과업을 이루기 위해서는 동일한 사명을 가진 사람들이 함께 일하는 긴밀한 그룹이 필요하다는 것을 인식하도록 초대한다. 우리는 존경하는 교인과 직원 이상의 교제하는 다른 설교자들의 그룹이 필요하다. 우리, 비록 수는 적으나 행복한 우리들, 이 한 형제들이 필요하며, 연례 회의뿐만 아니라 매주 필요하다.

내가 의미하는 바는 설교자들이 예화, 개요 및 적용을 공유함으로써 설교를 준비할 때 함께 일하는 습관을 개발해야 한다는 것이다. 이 말은 설교자들이 다른 설교자들과 정기적으로 대화하는 패턴을 길러야 한다는 뜻이다. 한 형제 설교자들은 자료를 공유하고 그들의 교회에서 시리즈 설교를 병행할 계획을 세울 수 있으므로 함께 본문을 가지고 씨름하는 시너지 효과를 얻을 수 있다. 이것은 독립성도 과의존도도 아닌, 설교의 삶을 위해 진정으로 하나 되고 상호의존적으로 접근하는 것을 의미한다.

왜 우리가 이것을 해야 하는가?

최근 수십 년 동안 드문 일이었지만 나는 그러한 접근 방식이 격려, 자극, 책임감, 성장의 훌륭한 원천이라는 것이 즉각적으로 명백해지기를 바란다. 설교자들의 연합적인 설교는 개별 설교보다 더 강할 것이다. 한 형제의 결속은 가장 강한 설교자의 은사와 능력보다 더 강하다. 확실히, 그러한 그룹의 몇몇은 다른 사람보다 더 재능이 있고 더 많은 것을 제공할 것이기 때문에 겁먹을 수 있지만, 괜찮다. 이런 것은 삶에 늘 있다.

우리의 비전이 진정으로 하나님 나라의 발전을 위한 것이며 우리 자신의 출세를 위한 것이 아니라면, 그러한 연합을 통해 모두를 더 튼튼하게 하는 것은 선하고 아름다운 것이다.

얼마 동안 나는 우리 도시의 교회 네트워크에서 이러한 이상적인 연합을 경험했다. 이 연합에는 매주 같은 시리즈와 본문을 통해 설교하겠다는 약속이 내재되어 있었다. 우리는 주석들과 기타 자료를 공유했고, 매주 모여 아이디어와 계획을 토의했다. 각 설교는 각 설교자의 작업이었다. 표절하지 마라. 그러나 각자의 설교는 그룹의 집단적 지혜, 해석적인 씨름 그리고 설교의 활동을 통해 유익을 얻었다. 나는 종종 이 모임에서 돌파구를 찾았고, 곧 다가오는 주일 아침에 같은 본문으로 설교하는 형제들로부터 그들의 생각과 견해를 제공받았다.

대부분의 설교자가 이러한 상황은 이상적이며 가능하지 않다고 말할 수 있다. 괜찮다. 작은 소수의 설교자가 모일 수 있는 잠재력은 여전히 크다.

이 모임은 더 넓은 영역에서 수행될 수 있다. 80킬로미터 내에서 그룹을 찾고, 이에 대한 비전을 제시하고, 그룹을 이끄는 데 앞장서서 실현시키라. 많은 목회자가 마음이 맞는 다른 사람과 함께 모여서 자신들의 설교를 생각하고 개선하는 데 도움을 받기 위해 기꺼이 반나절을 바칠 것이다.

이런 것은 설교의 연속성을 위해 약간의 계획이 필요하겠지만, 그 노력은 대가를 치르는 것 이상의 결과를 가져올 것이다. 만약 대면 모임이 불가능하다면, 디지털 방식(역자 주: 코로나 이후 구글 미트, 줌 등)으로 모임을 진행하라. 각지에서 온 형제들을 모아 매주 화상 통화를 하라. 현대의 기술로 이런 것은 매우 쉽고 가능하다.

그것에 대해 기도하라.
시도하라.
이것이 무엇일지에 대한 꿈을 꾸기 시작하고 그것을 향해 나아가라.
어떤 군인도 혼자서는 전투에서 승리할 수 없다.
한 형제를 이끄는 헨리 왕 또는 소령 윈터스처럼 이 세상에서 하나님의 왕국을 겸손히 발전시키라.

4.
지휘로서의 목회

클래식 음악의 세계에 익숙하지 않은 사람들은 오케스트라 지휘자의 역할을 이해하고 감상하기는 어려울 것이다. 현대 교향악단의 수많은 연주자 중에서 가장 영예로운 사람은 마에스트로이다. 모든 포스터에 등장하는 마에스트로는 큰 박수와 환호를 받는다. 그럼에도 지휘자는 가장 적은 일을 하는 것 같이 보인다. 지휘자는 악기를 연주하지 않고 악보를 보며 노래를 부르지 않는 대신, 손을 거칠게 흔들며 다른 사람들에게 무엇을 하라고 지시한다.

지휘자는 실제로 무엇을 하는가?

고대 그리스까지 거슬러 올라가면, 우리는 황금 막대를 사용하여 약 800명의 음악가 그룹을 이끌며, 함께 연주하는 것을 맞추는 파트라(Patrae) 지역의 한 페레키데스(Pherekydes)를 알고 있다.

오늘날 대형 현대 오케스트라는 마에스트로 없이는 기능을 발휘할 수 없거나 적어도 잘 작동하지 않는다. 최고의 오케스트라는 주로 지휘자 덕분에 최고의 오케스트라로 인정받고 있다. 왜냐하면, 지휘자는 연주 중에 단 한 음도 연주하지 않으면서도 오케스트라 전체를 지휘하고, 이끌며, 통합하고, 형성하기 때문이다.

과학자들은 지휘자의 지휘봉과 바이올린 연주자의 활에 적외선 센서를 부착해 지휘자의 신호 패턴을 분석했고, 지휘자와 음악가 사이의 관계를 연구했다. 그들은 서로 다른 지휘자가 오케스트라와 그들 사이에 시각적으로 다른 '감각 운동적인 대화'를 형성했으며, 이러한 차이는 음악의 힘과 관련이 있음을 발견했다. 경험 많은 지휘자가 눈에 띄게 미학적으로 더 즐거운 음악을 만들었다.[3]

마에스트로들의 일은 바로 이런 것이다.

그렇다면 이것이 목회와 설교와 어떤 관련이 있는가?

아주 많이 관련된다. 목사의 역할은 지휘자의 역할에 비유할 수 있으며, 설교는 공연과 유사하다. 훌륭한 지휘자는 준비하며, 경청하고, 인도한다. 목회자도 마찬가지이다.

준비하다

몇 시간 동안 길게 연주하는 오케스트라는 지휘자들의 땀과 에너지가 요구되지만, 사실 이것은 지휘자가 실제로 하는 일의 가장 작은 부분일 뿐이다. 지휘자들은 거의 모든 시간을 콘서트를 준비하는 데 사용한다. 지휘자들은 최소한 하나의 악기를 직접 마스터하며, 현악기, 금관악기, 목관악기, 타악기, 보컬 등 모든 악기를 깊이 있게 익히는 데 수년을 보낸다. 지휘자는 복잡한 악보의 마스터 연주자(해석자)이며, 이 해석에는 엄밀한 학문적 연구가 필요하다. 여기에는 음악의 시대, 작곡가의 전기(傳記), 다른 사람이 이 작품을 어떻게 해석하고 연주했는지에 대한 연구가 포함된다.

한 전문가는 "모든 위대한 신비처럼, 음악이라는 신비도 오직 엄청난 노력으로부터 나온다"라고 말했다.[4]

목회자도 그렇다. 주일 아침에 선포되는 말씀은 교회생활의 가장 중요한 순간이자 동시에 가장 작은 부분이다. 설교의 순간을 감동 있게 만드는 것은 목회자의 준비에 있다. 이 준비에는 성경과 인간의 경험, 이 두 가지를 연구하는 것이 포함된다. 연구(과거 교육 및 주중 학습)와 목회(실제 사람들과 함께 살고 사랑하는 것)는 매주 예배를 섬기는 데 필요한 준비이다.

듣다

훌륭한 지휘자가 되려면, 오랜 '연습'도 중요하지만 동시에 '주의 깊은 경청'도 중요하다는 것을 인지해야 한다.

혹시 당신은 지휘자의 악보가 어떤지 본 적이 있는가?

다른 연주자들은 자신의 인쇄된 악보를 따라간다. 그러나 지휘자는 방대한 악보를 통해 모든 사람의 파트를 동시에 보고 있다. 또한, 그는 그들 모두를 들으며, 그들이 함께 어우러지도록 알려 주고 지휘한다. 『톰 서비스』(*Tom Service*)의 저자가 말했듯이, 지휘자는 '경청의 피뢰침'이 되어 '연주자와 지휘자 그들 모두보다, 우리 모두보다, 더 큰 무엇인가가 되는 동시에 개인의 능력이 온전히 실현되는 느낌'[5]이 된다고 말한다.

목회자도 그렇다. 메시지와 권고는 중요하다. 그러나 그것들이 각 사람에게 온전히 다가가도록, 즉 실제로 들을 수 있는 음악이 되어 주의 깊은 경청이 받침이 되지 않는다면, 설교에서 진정성과 효과를 가져올 수 없을 것이다. 목회자들이 계속해서 성도들과 소통하지 않고 설교하려고 할 때, 설교는 분리되며, 설교자 자신의 위치를 유지하기 위해 무거운 권위주의의 위험한 길을 택하게 된다.

그러나 강력한 설교와 목회는 경청하는 것을 깨닫는 것으로 시작해야 한다. 하나님의 백성에게 귀를 기울이고, 그들과 대화하기 위해 하나님이 사용하시는 통로가 되어야 한다.

이끌다

지휘자는 준비와 경청을 거쳐야 모든 사람을 이끌 수 있다. 이 인도는 전체 오케스트라의 기능에 필수적이다. 왜냐하면, 마에스트로는 일관성 있게 지휘하며 음악 작품을 아우르는 시야와 해석을 통해 모든 사람이 함께 연주하도록 하기 때문이다. 음악을 연주한다는 것은 올바른 음을 연주하는 것 이상이다. 음악 연주는 연주자와 악기에 의하여 다양한 해석과 표현을 포함한다. 지휘자는 다양한 전문가 그룹과 개인이 함께 모여 일관된 소리를 유지하면서, 다양성의 조화를 통해 복합적인 음악을 만들 수 있도록 공유된 필요한 비전을 제공한다.

목회자도 마찬가지이다. 교회는 다양한 사람으로 가득 차 있으며 이것은 마땅히 기쁜 일이다. 건강하고, 활력이 있으며, 개인 속의 다양함과 차이가 존재하는 아름다움이 있다. 좋은 목회자와 설교자는 이러한 개인을 단조롭고 건조하게 이끄는 것이 아니라 하나님이 목회자에게 주신 비전을 통해 세상에 기여할 수 있도록 이끌 것이다. 지휘자처럼 이끄는 것은 다양성을 조화로 이끄는 것과 같다.

사도 바울은 하나님이 교회에게 교사들을 주신 것은 "성도를 온전하게 하여 봉사의 일을 하게 하며 그리스도의 몸을 세우려 하심이라"(엡 4:12)라고 기록한다. 목회자/지휘자는 가르침을 제공하고 비전을 형성하는 지도자이다. 그러나 좋은 목회/지휘의 목적은 단지 설교를 수행하는 것이 아니라 효과 즉 세상에 아름다움을 더하는 강력한 음악이다.

또한, 이것은 목회자/지휘자의 삶의 원천이기도 하다. 벤자민 잰더(Benjamin Zander)가 관찰한 바와 같이, 지휘자의 힘과 생명은 그들이 만드는 소리가 아니라, 다른 사람들이 노래하고 연주할 수 있도록 힘을 돋우며 소리를 지휘하는 중요한 역할에 있다.[6]

설교는 목회의 유일한 방법이 아니라, 가장 가시적이고 계속되는 방법이다. 훌륭한 설교자는 모든 설교가 성경 본문의 내용 이상이라는 것을 기억할 것이다. 모든 설교는 목회자가 준비하고, 경청하며, 인도함으로써 교회를 잘 지휘할 수 있는 기회가 된다.

5.
하나님의 변호사가 아니라 하나님의 증인이 되라

스탠리 존스(E. Stanley Jones, 1884-1973)는 인도의 빌리 그래함이라고 불린다. 존스는 인도에서 20세기 전반에 걸쳐 감리교 선교사이자 교사로 봉사했다. 그는 간디와 가까운 친구였으며 기독교를 존중하는 방식으로 인도 문화와 관련시키기 위해 노력했다. 그의 책 『인도의 길을 걷고 있는 예수』(*The Christ of the Indian Road*)는 선교에 중대한 영향을 미쳤고, 존스는 인도와 서방 사이에 평화와 상호 이해를 가져오려는 노력으로 노벨상 후보에 오르는 영예를 안았다.

존스의 가장 유명한 인용문 중 하나는 인도인들과 수년간 대화하면서 듣고 배운 것을 요약한 것이다.

> 하나님의 변호사로서 나는 완전히 실패한 사람이었고, 하나님의 증인으로서는 성공했다. … 기독교 선교사는 하나님을 위해 잘 변론하는 하나님의 변호사가 아니다. 그러나 그는 하나님의 증인이 되어야 하며, 우리를 위한 하나님의 은혜를 선포하는 것이다.[7]

나는 이 고무적인 말들에 대해 다음 세 가지를 제안하고 싶다.

첫째, 잘못된 해석

존스는 설교에는 항상 논증이나 추론이 없어서는 안 된다고 말했다. 나 또한 그렇다. 더 명확하게 말하자면, 기독교 설교와 가르침은 필연적으로 논리적 논증, 추론, 설명 그리고 기독교가 무엇인지에 대한 설명을 포함한다. 성경이 말씀하는 것과 복음이 가르치는 것을 전개하는 것이 기독교 증거의 핵심이며, 존스는 이를 확실히 동의했다. 이것은 그가 변호사의 지위를 피한다는 의미가 아니다. 존스가 말하고 있고 생각하는 것이 무엇이든, 이 말은 설교자가 하나님의 증인의 반대라는 말은 아니다.

둘째, 존스가 의도한 의미

그래서 존스가 말하는 것은 무엇인가?

그의 '하나님의 변호사'와 '하나님의 증인'이라는 대조는 많은 의미가 있다. 즉, 논쟁만으로는 아무도 예수님을 따르도록 설득되지 않는다는 것이다. 아무도 하나님의 왕국에 대해 논쟁을 벌이지 않는다.

오히려 기독교의 진리에 대한 궁극적이고 가장 중요한 '논증'은 우리의 삶을 하나님이 능동적으로 변화시키는 은혜의 증거이다. 존스가 성경을 매우 낯선 인도 문화로 가져와 재맥락화하려고 시도하다가 발견했듯이, 이해하고 설명하기 어려운 것들이 많이 있었다.

그러나 그는 그것이 괜찮다는 것을 보기 위해 인도로 갔다. 하나님의 변호사로서 그의 능력을 넘어서며 우선하는 것은, 그의 삶에 나타난 하나님의 은혜에 대한 존스의 증언이었다. 추론과 증언은 상호 배타적이지 않지만, 힘과 중요성에 있어서 동등하지도 않다. 이기는 변호사보다 좋은 증인이 되는 것이 낫다.

셋째, 하나의 추가 적용

우리는 하나님의 검사가 아니다. 우리가 하나님의 이름으로 자칭 변호사로 서서, 그의 백성과 세상을 기소하려고 할 때, 우리는 설교자의 역할이 아니라 성령의 임무를 맡게 된다(요 16:8). 설교자의 역할은 하나님 말씀의 증인이 되며 세상에서 사역하는 것이다. 성령은 책망하시고 회개하게 하시는 분이다.

설교는 가끔은(아마도 우리 중 일부가 생각하는 것보다 덜 자주) 선지자적 부르심, 책망 또는 도전이 포함될 것이다. 그러나 설교자는 참된 확신이나 회개를 가져올 수 없다. 그것은 성령의 일이다. 그리고 우리가 성령의 일을 하려고 할 때, 항상 역효과를 낸다.

하나님의 변호사가 되는 것과 그의 증인이 되는 것의 결정적인 차이는 설교자가 청중과의 관계를 어떻게 인식하느

냐에 있다. 검사나 변호사의 망토를 입는 것은 대립 관계의 자세를 세우는 반면, 증인의 부르심은 다른 사람들과 나란히 서서 하나님 앞에 나아갈 길을 제시하고, 사람들을 하나님께로 초대하는 사랑의 자리이다.

그 안에 자유와 힘이 있다. 변호사는 지위를 공격하고, 사람들을 의심스럽게 대하고, 해야 할 것에 대한 논증들을 모으고, 승리를 목표로 추구한다. 충실한 증인은 자신이 보고 알고 있는 진리에 대하여 겸손하게 증언 중심의 다른 임무를 감당한다.

하나님의 증인이 되시라. 그분은 변호사가 필요하지 않다.

6. 설교와 강의의 구분

나는 최근에 성장하는 도심 교회를 개척한 지 10년이 된 제자와 점심을 먹었다. 그는 교인들에게 더 풍성하고 폭넓은 신학 교육을 제공할 교육 계획을 어떻게 세워야 하는지 조언을 구했다. 그는 사람들이 배워야 할 것이 너무 많다는 사실에 한탄했다. 그의 설교는 이미 길고 복잡했는데 더 많은 말이 필요하다고 느꼈다.

그에 대한 나의 충고는 다음과 같았다.

"당신은 설교에서 너무 많은 것을 하려고 하고 있습니다. 짧은 설교를 하고 다른 장소에서 가르치십시오."

이 훌륭한 목회자의 문제—신학 교육을 중시하는 우리 모두에게도 공통적인 문제—는 그가 설교와 강의의 중요한 구별을 아직 마음에 분명하게 하지 않았다는 것이다. 이 융합의 결과로, 그는 단지 강의만으로 할 수 있는 일을 설교로 하려고 했으며, 그것이 그의 설교와 교회 성도들의 성장에 해를 끼쳤다.

이 둘의 차이점은 무엇인가?

우리는 설교를 성경적, 신학적 진리로 초대하고 권면하는 선포로 정의할 수 있다. 이와 대조적으로 강의는 성경적, 신학적 진리를 설명하고 해설하는 것이다.

기독교 설교와 강의 사이에 공유되는 것은 내용—성경적 진리와 신학적 진리—이다. 차이점은 방식과 즉각적인 목표에 있다. 설교는 초대와 권면이라는 즉각적인 목표를 가지고 선포하는 방식으로 선택되고 제시되는 성경적, 신학적 내용이다. 강의는 복잡한 문제, 상호 연결성 및 의미를 설명하고 풀기 위해 더 상세하고 체계적인 방법으로 제시되는 성경적, 신학적 내용이다. 겹치는 부분도 있지만 구분되는 부분 또한 있다.

그러나 그러한 언어적 정의는 어느 정도까지만 이해가 된다. 다음과 같이 벤다이어그램으로 설교와 강의의 관계를 개념화하는 것도 도움이 된다.

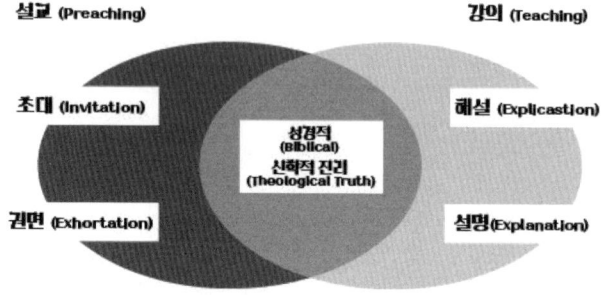

설교와 강의는 모두 성경적 진리와 신학적 진리를 전달하지만, 그 방식과 목표는 다르다. 또한, 우리는 다른 각도에서 설교와 강의의 구별에 접근할 수 있다. 설교는 독백적이지만 강의는 대화적이다. 설교는 강단에 있는 설교자로부터 좌석에 있는 청중에게 한 방향으로만 움직이는 의사소통이다(흑인 교회에서 흔히 볼 수 있는 것처럼, 활발하게 상호 작용하는 환경에서도 설교자가 내용을 제공하는 반면, 회중은 목소리로, 때로는 음악적으로 격려한다).

반면에 강의가 잘 이루어지려면, 충분히 대화를 나누어야 한다. 내용의 의사 소통은 교사가 주도하지만, 청중의 질문은 교실에서 일어나는 대화와 교류를 형성한다. 좋은 강의는 본질적으로 대화적이다.

독백과 대화는 다르다. 대화는 피드백을 주고, 질문하고, 설명을 할 수 있는 교실에서만 다룰 수 있고 다루어야 하는 주제가 있음을 의미한다(예: 본문 비평, 신정론, 해석학 등). 이것은 설교의 독백적인 상황에서는 불가능하다. 그러므로 설교의 목적과 내용은 강의로 할 수 있는 것과는 분명히 구별되어야 한다. 목회자는 이 점에 유의해야 한다.

우리의 대화를 통해, 제자는 내가 조언한 내용의 가치를 알게 되었다. 그가 그의 설교의 메시지를 쓰고 전달할 때의 방식과 궁극적인 목표를 염두에 두어야 신학적, 성경적 내용이 풍부하고 깊어질 수 있다. 설교는 권면하고 초대한다.

그는 자신의 교회에도 또 다른 종류의 성경적, 신학적 의사소통이 필요하다는 것을 알게 되었다. 그것은, 그와 다른 교사가 다양한 주제를 대화적인 환경에서 설명할 수 있는 별도의 장소가 필요하다는 것이다. 설교와 강의는 구별되지만 함께 작동하며, 하나님의 교회를 세우기 위해 필요하다.

7.
엔코스틱 설교

 작년 초, 나는 전문 예술가인 아내와 함께 뉴멕시코주 산타페(Santa Fe)로 즐거운 여행을 다녀왔다. 산타페는 수많은 갤러리와 작업 스튜디오가 있는 세계에서 가장 활기찬 예술 커뮤니티 중 하나이다. 우리가 경험한 많은 훌륭한 예술 작품 중에서 나는 전에 직접 본 적이 없는 회화 스타일인 엔코스틱 페인팅(encaustic painting)을 만났다.

 '엔코스틱 페인팅'이란 무엇인가?

 엔코스틱은 왁스를 안료로 착색하고 레이어에 적용하는 방법을 말한다. 이 녹은 왁스 층들은 추상적이든 사실적이든 이미지를 만드는 데 사용된다. 엔코스틱 페인팅은 고대 기술이며, 대부분의 다른 매체보다 시간의 테스트를 더 잘 견뎌 낸 작품을 만들어 냈다. 우리는 아직도 2세기 이집트에서 그리스인들이 만든 놀라운 엔코스틱 이미지를 가지고 있다(파이윰 미라 초상화[Fayum mummy portraits]를 온라인으로 검색해 보라).

'코스틱'(caustic)과 '엔코스틱'(encaustic)이라는 단어는 둘 다 '뜨겁다'를 나타내기 때문에 관련이 있다. 그러나 하나는 부정적이고, 다른 하나는 긍정적이다.

코스틱의 뜨거움은 물리적으로 또는 은유적으로 파괴하기 위한 것이다. 엔코스틱 페인팅은 왁스를 가열해 한 겹씩 붓고 매끄럽게 만들어 아름답고 다차원적이며 빛나는 그림을 만든다. 그 다음 작업 전에 각 층과 색상이 냉각되는 느린 예술(slow art)이다.

그렇다면 엔코스틱 설교란 무엇인가?

은유로서의 엔코스틱 설교는 설교에 대한 원대한 목표를 세우기 위한 비전을 제시하며, 설교자로서 당신의 삶에 층별로 천천히 접근한다.[8] 설교자들은 그들이 설교하는 각 설교를 전체 그림의 한 조각에 대한 한 가지 색을 왁스한 레이어(층)로 보아야 한다. 이렇게 하면 훌륭한 그림이 만들어진다. 그리고 그만큼 훌륭한 교회도 만들어진다.

단 5년 안에 평균적으로 설교자가 200번 이상 설교한다고 생각해 보라. 그것은 당신의 교회의 캔버스에 200번의 왁스 층을 붓고, 그것을 형성하고 색칠하여 걸작을 만드는 것이다. 실제 예술가인 성령과 함께.

설교에서 이 엔코스틱 비전을 수용하면, 한 설교에서 너무 많은 것을 하려고 하는 압박감을 완화할 수 있다. 우리가 매 주일 아침, 35분, 왁스층이 완성된 그림이 될 것이라고 기대하지 않고, 매주 설교가 그 원대한 목표에 충실히 쌓이도록 격려할 것이다. 각 설교는 강단에서 평생을 바치는 당신의 삶 속에 작은 설교일 뿐이다. 이것이 해방감을 준다.

최근에 나는 마태복음 14:1-12의 본문으로 세례 요한의 죽음을 설교했다. 그 설교는 설교적으로(homiletically) 준비하기에도 매우 어려웠고, 설교 전달을 위해 최선을 다하지도 못했다.

그러나 그것은 레이어 층이었다. 나는 약간의 왁스를 가열하고 나 자신을 부었다. 나는 그 이야기에 특별한 몇 가지 주제와 이슈, 흔하지 않은 색상을 다루었다. 그 설교는 우리 회중의 그림에 특정한 빛깔을 제공해 성도들의 깊이와 활력을 더했다.

나는 내가 느린 예술(slow art)에 종사하고 있음을 기억하며, 위안과 희망을 가질 수 있었다. 내가 그 설교를 얼마만큼 중요하다고 생각하든, 성공적이라고 느끼든 상관없이, 나는 각 설교를 단지 그 특별한 레이어 층으로 둘 수 있다.

나는 당신이 언젠가 엔코스틱 그림을 직접 볼 수 있기를 바란다. 전통적인 아크릴 물감과 유화에는 없는 실제적 깊이가 거기에 있다. 시간이 지남에 따라 꼼꼼하게 추가되는 많은 레이어 층으로 구성되어 있기 때문에 엔코스틱 페인팅은 말 그대로 캔버스에서 일어난다. 당신의 설교도 이와 마찬가지로 될 수 있다. 긴 게임을 시작하라. 이번 주 레이어 층에 만족하라. 월요일부터 토요일까지 건조시킨 다음, 본문이 제공하는 색상의 왁스를 더 가열하라. 그런 다음 매주, 한 레이어 층씩, 당신의 청중의 삶 속에 조심스럽게 부어 넣으라.

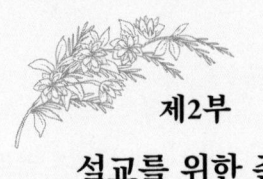

제2부
설교를 위한 준비

8. 생각하듯 원고 작성

9. 조각으로서의 설교 작성

10. 스낵 작성

11. 교육의 리듬과 퍼즐 조각 맞추기

12. 당신이 사랑하는 것을 없애기

13. 빙산 설교

14. 이 설교에서 고약한 냄새가 난다

8.
생각하듯 원고 작성

 당신은 설교학 교수와 사역 멘토의 영향을 받아 설교를 원고로 작성하거나 또는 메모 형식을 사용하는 습관이 있을 것이다. 또한, 연구에서 생산한 것과 강단으로 가져가는 것 사이에 차이가 있을 수 있다. 몇몇은 전체 원고를 작성한 후 개요만 가지고 올라가며, 몇몇은 원고를 가지고 설교한다. 몇몇은 전체를 암기한다. 그리고 몇몇은 자신의 연구 및 메모를 기반으로 매우 즉흥적인 설교를 선호한다.
 이 다양성은 인류 그 자체인 거대한 다양성의 피할 수 없는 기능으로 이해할 수 있다. 역사적으로나 현대나 설교 준비와 전달을 위한 하나의 올바른 방법은 없다. 각 설교자는 자신의 길을 찾아야 한다.
 그러나 나는 다음과 같이 한 가지 습관을 들이면, 당신의 설교가 크게 발전할 수 있다고 제안한다.
 "메시지를 작성하라."
 설교 준비의 단계에서는 실제 강단에서 사용하는 것과 상관없어도 설교의 완전한 문장들과 단락으로 설교를 작성하라.

그 이유는 다음과 같다.

작성(글쓰기)은 생각(사고, 思考)이다. 문장과 단락 논거를 합치는 것은 우리의 생각을 명료화하고 심화시키는 주요 수단이다. 당신의 메시지를 작성하면 당신과 청중에게 다른 방법으로는 가질 수 없는 종류와 질의 사고의 명료함이 생긴다.

최근의 사회언어학 연구에서는 우리가 인체에 대해 말하고 생각하기 위해 컴퓨터 은유들을 얼마나 자주 사용하는지 관찰했다. 우리는 뇌를 특정 조건에 반응하도록 프로그래밍화(化)된 켜기 및 끄기 스위치를 사용해 거기에 저장된 기억에 접속하는 컴퓨터라고 말한다.

유감스럽게도, 우리는 쓰기와 생각 사이의 관계를 고려하기 위해 종종 나쁜 컴퓨터 비유를 사용하게 되었다. 많은 사람에게 글쓰기는 단순히 우리 생각의 하드 드라이브에서 무슨 일이 일어나고 있는지에 대한 모니터의 가시적인 표현이 된다. 이 비유에서 쓰기는 생각을 드러낼 뿐이다.

그러나 이것은 쓰기와 생각 모두에서 진행되는 아름답고 복잡한 두뇌 과정을 이해하는 데 실패한다. 글쓰기는 단순히 사고 과정을 나타내는 것이 아니다.

글쓰기는 생각을 창조하는 수단이다!

생각이 실제로 일어나는 것은 문장과 단락으로 단어들을 조합할 때만 가능하다. 다른 방법은 없다.

애니 딜라드(Annie Dillard)는 그것을 다음과 같이 놀랍게 묘사한다.

> 글을 쓸 때는, 단어들을 한 행으로 놓는다. 단어들의 행은 광부의 곡괭이, 나무 조각가의 끌, 외과 의사의 메스이다. 당신이 그것을 들면, 그것은 당신이 따르는 길을 판다. 곧 새로운 영역에 깊이 빠져들게 된다. … 당신의 손에, 눈 깜짝할 사이에 그 글은, 당신의 관념의 표현에서 인식론적 도구로 변화한다. 새로운 곳은 명확하지 않기 때문에 관심이 있다. 당신은 주의를 기울인다. 겸손한 마음으로 모든 각도를 주시하면서 조심스럽게 단어들을 내려놓는다.[9]

글쓰기는 당신을 '관념의 표현에서 인식론적 도구'로 데려간다. 즉, 글쓰기는 '아는 것'의 수단이다. 그렇다면 요점은, 글쓰기가 단순히 생각의 부산물이 아니라는 것이다. 대신, 당신의 생각을 다듬고 명확히 할 수 있는 수단이다. 간단히 말해서, 진정으로 이해할 수 있게 된다는 것이다.

그렇다면 이것은 설교자들에게 무엇을 의미하는가?

그것은 당신이 강단에 오르기 전, 이해에 이르는 방법을 쓰기 위해 열심히 노력함으로써 생각을 명확하게 하고 다

듣게 해 준다. 또한, 청중 앞에서 생각의 초안을 나눌 수 있음을 의미한다.

나는 설교에서 분명히 창의적이고 즉흥적인 말을 칭찬하지만, 즉흥성과 원고 어느 쪽도 아님을 제안한다. 대신, 주일이 오기 전에 시간을 내어 생각을 통해 글을 쓰도록 노력하라. 그리고 당신의 습관과 갈망과 성령의 인도하심에 따라 당신이 깨달은 것을 설교하라.

9.
조각으로서의 설교 작성

몇 년 전, 나는 아내와 함께 뉴질랜드의 아름다운 북섬을 드라이브할 기회가 있었다. 멋진 풍경을 탐험하는 것 외에도 가장 기억에 남는 모험 중 하나는 우연히 키위(Kiwi, 역자 주: 뉴질랜드 사람을 가리킴)에서 가장 유명한 조각가 중 한 명인 테리 스티링거(Terry Stringer)의 개인 소유지를 여행한 것이었다. 나중에 이 놀라운 경험을 되새기고 조각에 대해 조금 더 읽으면서, 설교를 쓰는 것이 조각의 예술과 얼마나 흡사한지 새삼 깨달았다.[10]

조각은 3차원 예술 작품을 형성하기 위해 재료를 용접 또는 모형 제작하는 공예로 정의된다. 가장 오래되고 가장 오래 지속되는 인간 창의성의 형태 중 하나이다. 조각 과정에는 큰 구상(blocking)과 작은 끌(chipping) 작업이 모두 포함된다. '큰 구상'은 어떤 모양과 형태가 될 것인지에 대한 이미지를 내놓는 것이며, 더 많은 시간과 노력이 필요하다. '작은 끌' 작업은 작은 규모를 끌로 깎는 것, 새기는 것 및 마멸이다. 작은 망치로 '작은 끌'이 작동하고, 조금씩 모양과 형태가 현실화된다.

조각의 이 두 가지 과정은 좋은 설교 작성의 과정을 잘 설명한다. 우리의 설교에서도 이 두 가지 '큰 구상'과 '작은 끌' 작업을 해야 한다.

조각가는 큰 대리석 조각 앞에 서 있을 때, 최소한 일반적으로라도 마지막 모양이 무엇이 될지에 대한 비전이 있어야 한다. 그 과정이 진행됨에 따라 설교 작성자는—조각가는 별로 하지 않지만—단락과 장을 재배열할 수 있는 이점이 있다.

그러나 두 경우 모두 일반적인 비전, 특정 행들과 나누는 것에 대한 계획, 여기에는 팔꿈치가, 저기에는 코가 필요한지 생각하는 것이 첫 번째 단계이다. 설교 작성에서 '큰 구상'을 하는 것은 유동적이고 유연한 과정이지만, 실제 쓰기 작업을 인도할 모양과 개요가 나타나야 한다.

고대의 조각가들은 조각품의 복사품을 만들기 위해 '포인팅'(pointing, 요점)이라는 기술을 사용했다. 포인팅은 원본 조각 주위에 나무 틀을 만들고, 끈을 사용하여 이미지의 여러 지점 사이의 거리를 측정하는 것과 관련되었다. 이 과정을 통해 정확한 복사품을 만들거나 비례적으로 더 작거나 큰 복사품을 만들 수 있었다.

마찬가지로 설교 작성자들은 작품에서 요점들의 일반적인 모양과 상대적인 관계를 그릴 수 있고 또 그래야 한다.

우리가 단순히 베끼는 것이 아니라, 설교를 작성하기 전에 우리의 설교 글을 '요점'으로 구성할 수 있어야 한다. 나에게는 이것이 올바른 흐름과 구조를 찾기 위해 메시지의 단락과 움직임을 끊임없이 재정렬하는 것처럼 보인다.

그러나 우리는 또 다른 종류의 설교 작성도 해야 한다. 바로 '작은 끌' 작업이다. '작은 끌'은 분(minute) 작업이다. 귓불/문장, 샌들을 신은 발/단락의 형태이다. '작은 끌'은 끌 끝을 돌의 표면에 놓고 측정된 타격을 가하는 것이다. 그리고 이 작업을 다시 한다. 그리고 다시 또다시. 이렇게 '작은 끌' 작업은 형태가 없는 직사각형 돌덩이를 우아한 팔과 아름다운 얼굴로 만드는 반복적인 작업으로 이어진다.

인생은 바쁘면서도 쉽지 않다. 우리는 더 많은 시간이 있기를 갈망한다. 그런데 막상 우리에게 소중한 시간이 생기면, 그 시간을 낭비해 버리기 일쑤다. 우리의 설교 작성 시간을 잘 활용하는 비결은 '큰 구상'과 '작은 끌' 작업 사이에서 적절한 리듬을 찾아야 하고, 좋은 설교 작성이 '큰 구상'이 아니라 '작은 끌' 작업을 통해서 일어난다는 것을 깨닫는 것이다.

리듬은 이렇다. 설교의 형태와 모양, 방향을 정하기 위해 많은 시간이 필요하다. '큰 구상' 시간은 브레인 스토밍, 읽기, 조사, 필기, 개요 및 구상에 주어진 시간이다.

그러나 우리는 짧게 매일 일관된 '작은 끌' 시간이 필요하다. '작은 끌' 시간은 설교 작성에서 단락과 섹션의 작은 부분에 초점을 맞춘다. 우리가 감당할 수 있는 '작은 끌' 목표를 가지고 앉아서 짧은 시간 동안 문장 망치를 계속해서 두드린다면 많은 것을 생산할 수 있다.

조각가의 작업실로 당신을 초대한다. 꿈, 상상, 큰 구상. 그런 다음 '작은 끌'을 시작하고, 계속하라. 그 결과는 당신이 여태껏 해 왔던 것보다 오래도록 영향을 미칠 수 있는 아름다운 설교가 될 것이다.

10.
스낵 작성

영양 관련 최근 연구에 따르면 충격적이고 반 직관적인 것처럼 보이는 식습관이 있다. 하루에 세 끼를 먹는 것보다 간식을 먹는 것이 체중 감량과 건강에 더 좋다는 것이다.

왜 그런가?

먹고 소화하는 행위는 신진대사를 증가시키므로 더 자주 먹음으로써 더 많은 칼로리를 소모하게 된다는 것이다. 또한, 정신적, 육체적 기능을 위해 하루 종일 에너지가 필요하므로 간식을 통해 영양분을 공급하는 것이 과식으로 비축하는 것보다 훨씬 낫다. 핵심은 전략적인 간식을 먹는 것이다. 전체 칼로리 섭취량을 늘리는 대신 하루 종일 다양한 건강식의 간식을 먹고 큰 식사를 세 번에서 두 번으로 줄이라는 것이다.

바쁜 삶 속에서 설교를 쓰는 우리에게도 필요한 것이 있다. 일주일 내내 설교 작성에 전념하는 설교자는 만 명 중 한 명일 수 있지만, 우리 대부분에게 설교 준비는 가정생활, 리더십, 상담, 관계, 잔심부름, 기타 교육과 같이 일주일 내내 저글링해야 할 많은 책임 중 하나이다.

결과적으로, 우리는 일반적으로 설교 준비에 전념하기 위해 큰 시간을 쪼개려고 노력한다. 그리고 이것은 좋다. 우리는 숙고하며 읽고 쓰고 생각하는 활기찬 에피소드가 필요하다. 그렇기에 나는 당신이 주간 일정에 전략적인 간식적 쓰기를 도입하면, 당신의 설교가 더 활기차고 활력 있게 될 것이라고 제안한다.

사람마다 식단과 필요가 조금씩 다르지만, 나의 삶에서의 설교 간식 쓰기는 이렇다.

(1) 설교하기 최소 일주일 전, 적어도 하루에 한 번 이상 성경 본문 읽기를 시작한다. 나는 다른 번역본을 읽어 보고 그 구절에 대해 묵상을 시작한다.

(2) 나는 단순히 제목이 '갈라디아서 5:1-15 설교 노트'와 같은 메모 작성 앱(나의 경우 에버노트 사용)에서 메모 파일 작성을 시작한다.

(3) 일주일 내내 나는 본문을 의식하고, 관련될 수 있는 것이 생각날 때마다 노트 파일에 크든 작든 글머리 기호를 추가한다. 이것은 가능한 예화, 제목, 특정 단락이나 구절이 의미하는 바에 대한 아이디어, 전체 설교를 구성하는 것에 대한 생각, 적용 포인트, 내가 궁금해 하는 질문, 모든 것이 될 수 있다. 이 단계에서 나쁜 아이디어는 없다.

(4) 일주일의 중간쯤이 오면, 나는 앉아서 여러 주석을 읽고 내 설교와 관련이 있다고 검증된 것으로 나만의 노트를 작성한다. 나의 일정에 따라 몇 시간이 걸릴 수 있지만, 앉아 있는데 한 시간 이상을 보내는 경우는 거의 없다.

(5) 주말이 가까워지면, 노트 형식으로 아이디어를 구체화하는데 더욱 진지해진다. 나는 이 시점에서 워드 프로세싱(역자주: 한글 컴퓨터 문서) 문서를 사용하지 않는다. 나는 아직 아이디어가 틀이나 패턴에 얽매이지 않고 자유롭게 돌아다니기를 원한다.

(6) 그럼, 드디어 푸짐한 식사를 할 준비가 되었다. 큰 식사를 위해(보통 토요일에), 나는 한 주 동안 수집한 광범위한 메모와 아이디어를 기반으로 전체 설교 원고의 첫 번째 초안을 작성한다. 그런 다음 나는 그것을 제쳐 두고, 나중에 두 번째, 더 작은 양의 식사(주일 이른 아침)를 위해 다시 온다. 그곳에서 나는 내 자신에게—열정적인 셰프가 레스토랑의 오프닝 밤에 긴급하게 깎고 넣는 것처럼—가차 없이 행한다.

자신의 일정을 파악해야 한다. 그러나 요점은 내가 설교 작성을 위해 집중적으로 '큰 식사' 시간을 할애하지만, 사실 설교 준비의 대부분은 일주일 내내 전략적인 간식으로 이루어진다. 그 결과, 제한된 시간 동안 창의적이고 생산적이어야 하는 스트레스와 압박이 훨씬 줄어든다. 일주일 내내 전채(前菜) 요리 크기의 영감을 받을 수 있다. 나의 큰 식사 일정은 일주일 내내 샐러드를 먹는 훨씬 더 즐거운 간식 시간을 기반으로 하는 훈련된 '야채 먹기' 시간이다. 시도해 보라.

식사 맛있게 하세요!

11.
교육의 리듬과 조각그림 퍼즐 맞추기

성경적 설교의 한 가지 일반적인 방식은 고전적인 구조를 사용하는 것이다. 서론, 명제 진술, 주해, 신학적 분석, 적용 및 결론. 이것은 여러 시간과 장소에서 효과적일 수 있지만, 이것이 설교를 만드는 유일한 방법은 아니다. 여기에는 로널드 알렌(Ronald Allen)의 두 가지 다른 은유가 있다. 교육의 리듬(Rhythm of Education)과 조각 그림 퍼즐 맞추기(Jigsaw Puzzle)이다. 각각은 설교 작성 및 전달에 대한 창의적인 통찰력을 제공한다.[11]

교육의 리듬. 영향력 있는 20세기 사상가인 알프레드 노스 화이트헤드(Alfred North Whitehead)는 수학에서 형이상학에 이르기까지 모든 종류의 것에 대해 생각하고 썼다. 그는 또한 사람들이 새로운 주제나 아이디어를 접하고 상호 작용하는 패턴을 관찰했다. 그는 지식(교육)의 성장을 일반적으로 세 단계를 거치는 과정이나 리듬으로 설명한다.

첫 번째 단계인 낭만(Romance)에서는 사람들이 어떤 주제에 대해 호기심을 갖고 그것에 대해 점점 더 관심과 궁금증을 갖고 생각하기 시작한다. 두 사람 사이에 더 알고 싶은 매력의 로맨스가 시작된 것 같다.

두 번째 단계인 정밀(Precision)에서는 호기심이 이해로 이어진다. 질문에 대하여 답변을 한다. 상호 연결이 더 정확하게 이해된다.

세 번째 단계인 일반화에서는 사람들이 이 정확한 주제가 나머지 생활 패턴과 어떻게 연결되는지를 식별하는 것으로 이동한다. 삶과 생각의 다른 영역은 새로운 지식과 연결되어 풍부하고 깊어진다.

이 세 단계를 설교에 적용하면, 메시지의 움직임을 구성하고 만드는 데 유용한 틀을 제공할 수 있다. 설교자는 낭만 단계에서 청중을 간접적으로 초대하여 아이디어에 흥미를 느끼도록 하며, 본문의 주제가 처음부터 그들의 눈을 사로잡도록 돕는다. 이것은 흥미를 끌어내도록 잘 다듬어진 질문과 함께 효과적으로 수행될 수 있다.

설교의 두 번째 움직임은 정밀 단계이다. 이것이 설교의 중심이며, 설교자는 처음의 흥미에서 본문 아이디어의 중요성과 복합적인 지식과 이해를 증가시키기 위해 열심히 노력한다.

마지막으로, 일반화 단계는 설교의 아이디어가 다른 개념과 진리 그리고 일반적으로 삶과 어떻게 연결되는지에 더 중점을 두고 있지만, 설교가 만드는 적용을 향한 중요한 전환과 유사하다. 교육의 이 리듬은 우리가 어떻게 학습하는지에 대해 민감하기 때문에 설교를 구성하는 좋은 방법이다.

퍼즐 조각 맞추기. 설교를 구상하고 작성하는 또 다른 접근 방식은 퍼즐 조각 맞추기의 비유를 생각해 보는 것이다. 우리의 학습 중 일부는 체계적이고 순차적인 방식으로, 특히 우리가 정식의 교육을 받을 때에는 아이디어는 비율, 피라미드 방식으로 제시된다.

그러나 대부분 학습은 실제로 우리가 임의로 경험하는 자료와 생각들을 대하고 연결하는 다양한 방식으로 발생하며, 보다 연합 방식으로 생겨난다. 여기에서 퍼즐 조각 맞추기가 등장한다. 퍼즐을 맞추는 것은 가장자리 조각을 먼저 분리하는 것과 같이 체계적인 접근 방식의 요소가 있지만, 대부분은 매우 순차적이지 않은 발견을 통해 일어나는 과정이다.

'실을 가지고 노는 고양이들' 또는 '항구의 배들' 그림의 1,500개 조각 중 하나를 집어들 때, 그것을 살펴보고, 생각한 다음, 가능하다면 그것을 다른 조각과 연결하거나 이미 자리를 찾은 조각들과 연결해야 한다. 이 과정은 복잡한 퍼즐이기에 근면과 인내가 필요하지만, 그림을 하나하나 발견하고 완성해 가는 즐거움은 매우 만족스럽다.

설교에 적용되는 퍼즐 조각 맞추기 비유는 특정한 종류와 방식의 설교를 만들고 나타내기 위한 모델을 제공한다. 때때로 본문은 경제, 인종, 성(性) 또는 성별 문제와 같이 신중하게 다루어야 할 복잡한 문제에 대해 이야기한다. 설교자가 여기에서 단순하고 순차적인 논증을 위해 노력하는 대신, 조각그림 맞추기 접근 방식으로 그림을 완성해 가며 이러한 복잡성을 인식하고 탐구하도록 설교자를 자유롭게 할 수 있다. 이 점은 여러 가지 다른 아이디어를 넣기 전에 검토할 수 있다.

이런 설교의 유형에서는 다음 세 가지 움직임을 취하는 것이 가장 좋다. 문제의 틀을 잡기(가장자리 조각 모아 넣기), 몇 가지 별개의 문제 탐색(연결되지 않은 것처럼 보일 수 있는 부분 검토) 그리고 그림을 완성한다(모든 조각이 서로 어떻게 맞는지 보여 줌).

설교 작성과 전달에 있어서, 다양한 방식이 있다. 그래서 한 가지 은유나 단순한 접근 방식만을 고집하는 것은 옳지 않다. 설교의 방식을 이해하는 데 도움이 되는 방법은 많이 있다. 교육의 리듬과 퍼즐 조각 맞추기 은유는, 보다 전통적인 모델에 대한 유용한 대안이 될 수 있고, 특정 본문 및 주제들에 대해 도움이 될 수 있는 대안을 제공한다.

12.
당신이 사랑하는 것을 없애기

먼저 내가 위 소제목처럼 '당신이 사랑하는 것들을 없애기'라는 말을 인정한다면 그것은 언어 도단이라 할 것이다. 이런 말은 보통 설교에 관한 책에서 언급하지 않는다. 그런데도 당면한 이슈를 전달하기 위해서는 강력한 진술이 필요하다.

좋은 설교자가 되기 위해 어떤, 작지만 사랑하는 것을 없애야 하는가?

이는 당신 자신이 좋아하는 표현들을 의미한다. 나는 설교할 때 침묵하라고 말하는 것이 아니며, 설교를 무언극으로 대체하라는 것이 아니다.

그러나 효과적인 설교자가 되고 싶다면, 당신이 말해야 한다고 생각하는 많은 말, 그리고 설교의 첫 초안에서 아주 훌륭하고 완벽하고 영리해 보였던 많은 말은 제쳐 놓아야 한다. 그리고 만약 당신이 내가 지금 말하는 것에 거부감이 있다면, 당신이 없애야 할 작은 사랑이 아직 당신 안에 많다는 것을 반증하는 것이다.

왜 그런가?

결국, 우리는 말을 잘하는 사람이 아닌가?

우리는 내용이 충실하고 깊은 설교를 하도록 부르심을 받지 않았는가?

그렇다. 그러나 설교의 내용물은 오히려 적은 경우가 더 많다. 당신의 목표가 효과적으로 의사소통하고, 설득하고, 격려하고, 생명을 주는 설교자가 되는 것이라면, 생각하는 것보다 말을 적게 해야 할 것이다. 길고 장황한 설교는 성숙한 습관이 아니라 미성숙한 습관이다. 이것은 숙련된 작업이 아니라 준비에 나태함을 보여 주는 지표이다.

탁월한 소설가이자 좋은 글쓰기 책 『쓰기의 감각』(*Bird by Bird*)의 저자인 앤 라모트(Anne Lamott)는 "당신이 아는 모든 작가는 정말 힘겹게 초고를 쓰며, 그들은 계속 의자에 엉덩이를 붙이고 있다. 그것이 인생의 비밀이다"라고 말한다.[12]

사랑하는 것들은 당신이 힘들게 만든 말들이다. 우리도 설교 준비를 할 때 생각을 기록하는 것은, 명확성과 설득력을 갖기 위해서이다. 그러나 그렇게 가장 좋고 효과적인 형태의 초안은 거의 없을 것이다.

첫 번째 초안은 빌딩의 가설물과 건물이 되지만, 당신의 설교가 완성될, 마감이 처리된 집은 아니다. 살기 좋은 집에 가기 위해서는 지저분한 공사의 단계를 거쳐야 한다. 또한, 우리가 청중을 살아 있는 말씀이 전파되는 아름다운 집으로 초대하려면, 첫 번째 초안의 지저분한 부분, 사랑하는 작은 것들을 모두 없애야 한다.

나는 종종 젊은 설교자들―말을 많이 하고, 많은 정보를 전달하기를 열망하는 경향이 있는 사람들―에게 열여덟 가지 요점을 가지고 강단에 들어가면, 그들의 회중이 몇 가지 요점을 가지고 집에 갈지 추측해 보았는지를 묻곤 한다. 제로(zero)이다.

좋은 설교에는 뚜렷한 흐름과 분명한 핵심이 있지만, 너무 많은 생각과 너무 많은 말은 오히려 역효과를 낳는다. 나의 정비사는 모든 도구를 보여 주지 않을뿐더러 새 에어컨 압축기가 필요할 때 브레이크가 어떻게 작동하는지 설명하지 않는다.

셰프는 자신의 16개짜리 거품기 컬렉션의 화려함을 과시하지 않고 적절한 도구를 선택하여 올바른 식사를 준비한다. 당신의 임무는 청중이 길을 떠나지 않고 훌륭한 식사를 하도록 돕는 것이다. 당신의 연구와 첫 번째 초안에서 작성한 많은 것 중에서 몇 가지 깊은 생각을 선택하고, 잘 개발해 설명하면, 당신의 회중에게 줄 수 있는 가장 큰 선물이 될 수 있다.

그러면 당신은 무엇을 해야 하는가?

용기를 내야 한다. 당신의 말을 줄이라. 설교 원고를 가지고 더 적은 단어로, 더 적은 요점을 만들고, 잘 다듬어 설교의 형태를 만들라. 당신이 설교할 또 다른 설교가 있을 것이다. 만약—아마도 특별히—당신이 매우 열정적이라고 생각하는 멋진 문구나 재미있는 예화 또는 보조 메모가 있을지라도, 그것이 설교의 명료함을 어지럽히고, 너무 길게 만들거나, 복잡하게 한다면, 당신 자신과 당신의 회중을 위해 당신의 사랑을 없애라.

13.
빙산 설교

빙산(iceberg)에 대해서는 나쁜 평이 많다. 빙산은 많은 북극곰과 바다표범의 집이 되지만, 지난 100년 동안 그 주된 의미는 '타이타닉 침몰'이었다. 그럴 수 있다. 특히, 북대서양에서 보트를 타는 경우, 얼음으로 가득 찬, 떠다니는 산이 오히려 위협적이다.

마찬가지로 빙산을 설교와 연결하는 것은 그다지 긍정적인 생각이 아닐 수 있다. 얼음같이 차가운 것이 설교와 연결될 때 부정적인 의미가 될 수 있다. '빙산 설교'는 교리나 도덕주의라는 차가운 무게로 사람들을 짓밟으라는 충고처럼 들릴 수 있다.

그 대신, 신선한 물의 빙하에서 생겨 떠다니는 섬, 이 빙산이 어떻게 형성되는지 생각할 때 설교의 삶에 대해 가르쳐 주는 무언가가 있다고 제안하고 싶다. 빙산은 우리가 중력 및 안정의 관점에서 설교를 생각하는 데 도움이 된다.

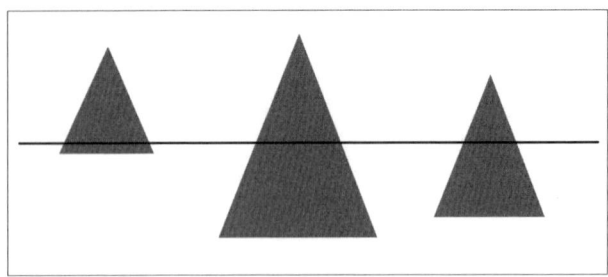

이것을 설명하기 위해, 빙산이 어떻게 생겼는지에 대한 세 가지 표현을 생각해 보겠다.

위의 첫 번째 삼각형에서는 표면 위에 보이는 부분이 빙산의 거의 전체를 형성한다. 중간 삼각형에서는 물 밑 부분과 물 위에 보이는 것이 거의 같다. 세 번째 삼각형(북극 빙산의 실제 모양을 가장 가깝게 나타내는 삼각형)에서는 물 밑에 있는 빙산이 대부분을 차지하며 가시적인 끝부분은 상대적으로 작다. 1912년의 그 유명한 타이타닉 항해에서 알 수 있듯이, 산꼭대기까지 물이 가득 찬 바다를 항해하며 배를 위태롭게 만드는 빙산은 이 세 번째 형태이다.

이 이미지들은 설교의 삶과 어떤 관련이 있는가?

각 그림은 다른 방식으로 설교자와 설교 사이의 관계를 묘사한다. 물 경계선은 공적인 것과 사적인 것, 설교자의 내부와 외부 사이의 구분을 나타낸다.

첫 번째 그림에서는 설교에서 설교자가 알고 있는 모든 것이 그대로 드러난다. 그의 지식은 성경적으로, 신학적으로, 경험적으로 제한되어 있다. 설교와 설교자의 지식은 동연적(coextensive)이다. 설교는 진부한 모방이며 다른 사람들로부터 인용한다.

두 번째 중간 그림에서는 수면 위의 설교와 수면 아래의 기초 지식이 모두 크다. 이 지식은 학습의 깊이에 뿌리를 두고 있다. 산의 높이는 표면 아래에 통찰력의 얼음이 다년간 쌓였기 때문에 가능하다. 이런 유형은 여러 개의 하위 요점과 다수의 서로 다른 학문적 의견이 있어서 설교는 복잡하다.

세 번째 그림에서 설교는 쉬우면서도 보이지 않는 깊이와 안정성이 있다. 이 설교는 청중에게 무슨 말을 하고 있는지에 대한 명확한 아이디어와 자신이 찾고 있고 궁금해하는 마음을 남긴다.

우리의 설교는 세 번째 그림, 빙산의 실제 모습과 같아야 한다. 물론 모든 비유가 어느 시점에서 폭 가라앉거나, 좋은 설교는 사람들이 잘 넘어가도록 침몰시킬 숨겨진 들쭉날쭉한 이동이 포함되어야 한다고 제안하는 것이 아니다. 정반대이다. 말의 핵심은 세 번째 그림만이 효과적인 설교를 하기 위해 삶에 필요한 것을 연결한다는 것이다. 깊은 이해에 뿌리를 둔 설교의 단순함.

우리의 설교에 보이지 않는 부분은 안정과 중력, 즉 첫 번째 그림에서 결여된 느낌의 무게감과 의미를 말한다. 동시에 이 부분은 설교의 표면에 나타나지 않는다. 설교가 물 표면을 넘어 너무 무거우면, 결과는 더 크지 않고 효과도 적다.

훌륭한 설교는 다양성과 깊이에 바탕을 두며 단순하고 명확하다. 깊이 없는 단순함은 목적 없이 부풀어 오르고 악화될 것이다. 명확하지 않은 복잡성은 미성숙함을 반영한다. 빙산 크기의 지식과 경험에 뿌리를 둔 단순 명료함이 강력하고 포근한 산을 만든다.

그렇다면 어떻게 빙산 설교자가 될 수 있는가?

'물 아래' 측면에서 공식적이든 비공식적이든 공부하고 배우라. 만약 그것이 정답이고 청중을 기쁘게 할지라도 이슈에 대한 표면 지식에 만족하지 마라. 호기심을 갖고 깨어 있어서 항상 배우고, 항상 찾고, 항상 자신의 기술을 연마하는 마음과 영혼을 경작하라. 당신이 그 절차를 밟는 것을 정리하고 더 이상 설교자로서 배우지 않는다면, 은퇴하거나 다른 직업을 가질 때라고 생각한다.

'물 위' 수준에서, 즉 설교를 준비할 때 당신의 메시지를 단순하고 분명하게 만들기 위해 열심히 노력하라. 당신이 배운 심층 자료를 사람들에게 덤핑하는 것에 만족하지 마

라. 지나치게 복잡한 설교는 지성이 아니라 나태함을 드러낸다. 당신의 연구와 강단 사이에는 강력한 필터가 있어야 하며, 당신이 알고 있는 대부분은 명확하고 순수한 메시지로 변형되고 정제되어야 한다.

 우리는 깊이 있고 숨겨진 안정성을 가진 아름다운 빙산처럼 우리의 설교가 그렇게 형성되기를 원해야 한다. 이것이 빙산 설교이다.

14.
이 설교에서 고약한 냄새가 난다

나의 설교 15년 인생 중, 첫 번째 그 이후로는 여러 번 토요일 밤에 '이 설교에서 고약한 냄새가 난다'(This Sermon Stinks, TSS)라는 절망적이고 압도적인 느낌을 경험했을 때 그 날을 기억하면 힘들었다.

다른 어떤 것보다 나는, 이 기억이 더 치명적이었고 괴로웠다. 그런데 이상하게 토요일에 이 '괴로운 기억'(TSS)을 경험하지 않는 날은, 설교가 주일에 좋지 않았다. 그 후 나는, 이 '괴로운 기억'이 불가피하다는 것을 알게 되었고, 이 '괴로운 기억'이 없는 주일 오후보다, 아직 뭔가 할 수 있는 토요일 오후에 무슨 일이 일어나도 일어나길 원했다.

나는 이러한 현상에 대해 숙고하면서 몇 가지 중요한 물음이 생겼다.

첫째, 왜 그렇게 종종 '괴로운 기억'을 경험했는가?
둘째, 이 '괴로운 기억'과 좋은 설교는 어떤 관계가 있는가?

첫 번째 질문의 대답이 나에게로 오는 데까지는 오랜 시간이 걸렸고, 마침내 간접적으로 도착했다. 나는 우리 학교의 박사 과정 책임자로서 모든 신입생에게 학문적 글쓰기의 도전을 포함해 학자의 삶에 대한 수업을 가르친다. 이것이 나를 일관되게 고군분투하며 글을 쓸 수 있도록 기회를 준 것이다. 동시에 모자이크 예술가인 나의 아내도 고군분투하며 작품을 만드는 모든 예술가와 같이 자신만의 여정을 걸어왔다. 이 모든 경험은 내가 여기에 있는 창의적 과정 6단계에 대해 배웠을 때 하나가 되었다.

1단계: 이것은 멋지다.
2단계: 이것은 까다롭다.
3단계: 이것은 고약한 냄새가 난다.
4단계: 나는 고약한 냄새가 난다.
5단계: 이것은 괜찮을 수 있다.
6단계: 이것은 멋지다.

이 6개의 다소 우스꽝스러운 단계는 무언가를 만드는 데 종사하는 사람의 감정적 경험을 U자형으로 나타낸 그래프이다.

1단계: 처음에는 흥미와 잠재성이 있지만,
2단계: 일을 시작하다 보면 생각보다 어렵다는 것을 깨닫고,
3단계: 만들고자 하는 것이 별로 좋지 않다.
4단계: 절망하게 되고 자신의 가치와 능력에 의문을 갖게 한다.

이 시점에서 그만두는 경우가 많으며, 모든 예술가와 작가는 이 단계에서 (때로는 적절하지만 때로는 그렇지 않은) 미완성 프로젝트가 쌓이게 된다.

5단계: 그러나 계속해서 노력하고 다듬는다면, 당신은 다시 자신의 기반을 찾을 수 있고,
6단계: 항상 정확히 '멋진' 것은 아니지만, 적어도 만들 가치가 있는 것을 마침내 생산할 수 있다.

내가 설교 쓰기에서 경험했던 것을 명확히 표현하는 것은 창조적인 행위이다. 나는 마침내 설교에서 낙담하는 '괴로운 기억'을 (당신이 전에 그것을 깨달았든 그렇지 않든 간에) 그렇게 자주 경험한 이유를 이해했기 때문에 오히려 큰 도움이 된다. 3, 4단계의 '괴로운 기억'은 창의적 과정에서 피할 수 없는 과정이다.

그리고 이것은 두 번째 질문에 관련한 답변이다.

좋은 설교와 '괴로운 기억'의 관계는 무엇인가?

이에 대한 답은 경험과 개념 모두에서 분명해졌다. 좋은 작품을 만들고 싶다면, 창의적 작업은 좋은 것을 향한 고군분투의 과정이기 때문에 '괴로운 기억'은 필연적이다. 모든 작가, 예술가 및 기타 창작자들이 증언하듯이 이 좌절, '괴로운 기억'이 없으면 실질적으로 아무것도 만들 수 없다.

그렇다면 이것이 더 나은 설교를 위한 작은 단계라는 것은 무엇을 의미하는가?

단순히, 사실은 단순하지만은 않은 창의적인 과정을 수용하라. 매주 '괴로운 기억'의 여정에 분개하지 마라. 이 과정의 고통스러운 업-다운-업(up-down-up)은 당신의 아이디어에 있는 불순하고 혼합된 금속을 순수한 은으로, 복음의 다이아몬드로 만들기 위해 정제하는 필요한 뜨거운 불이다. '괴로운 기억'은 완전히 사라지지 않을 것이다.

그러나 시간(몇 년)이 지나면 특히 무슨 일이 일어나고 있는지 이해하게 되면서 점점 쉬워질 것이다. 그 과정을 기대하고 수용하라. 매주 당신이 회중에게 깊고 은밀한 선물을 주어야 하는 즉, 하나님이 사용하기 위해 치러야 할 대가로 여기라.

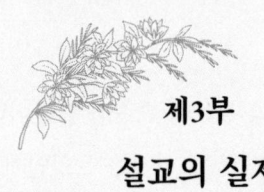

제3부
설교의 실제

15. 설교의 첫 순간
16. 설교의 마지막 순간
17. 교회력을 통해 설교하라
18. 문화력을 통해 설교하라
19. 예측의 힘
20. 모든 설교를 이야기로
21. 당신의 설교를 음악으로 만들라
22. 항상 강해 설교로?
23. 검토와 반성이 없는 설교는 설교할 가치가 없다
24. 결혼식과 장례식에서 안내자가 되어 주라
25. 훔쳐라, 하위 창조자들처럼

15.
설교의 첫 순간

현대의 우리는 유튜브를 통해 다양한 볼거리를 즐긴다. 2004년형 마즈다(Mazda) RX8의 히터 코어를 세척하는 방법을 배우고 싶거나, 바로크와 클래식 첼로의 차이점을 이해하거나, 미식축구(NFL)의 입을 보고 읽는(Bad Lip Reading) 버전을 보고 싶거나, 내가 최근 시청한 몇 가지만 보아도, 유튜브에는 모든 정보의 동영상이 있다.

최근에 나는 프로그램 쇼의 제작자로서 유튜브의 또 다른 면을 보았다.[13] 유튜브의 '세부'를 보면, 동영상을 만들고 업로드하는 사람들에게 놀랍도록 상세한 데이터를 보여주는 강력한 '동영상 분석' 모드가 있다. 사람들이 동영상을 클릭할 때 인구 통계학적으로 그들이 얼마나 당신에 대해 알고 있는지 소름 끼칠 정도이다. 내가 배운 흥미로운 사실 하나는 다음과 같다.

사람들은 단 몇 초 만에 이것을 계속 시청할지 결정을 내린다는 것이다. 그런 다음 시간이 지나면 관심의 창은 닫힌다. 그 영상의 질, 관련성이 부족하다고 인식되거나 우리를 실망시키는 어떤 것 때문에 당신과 내가 어떤 동영상에 즉시 매료되지 않는다면 우리는 1분도 시간을 할애하지 않을 것이다.

이는 인간의 뇌가 신경망에서 수신하는 수많은 신호를 분석하는 크고 피곤한 일을 하기 때문이다. 우리의 뇌는 무엇에 주의를 기울일지 선택한다. 이치에 맞지 않거나, 관련이 없거나, 제대로 수행되지 않은 것은 일반적으로 판단되고 무시되며 잊혀진다. 이 모든 것이 몇 초 안에 이루어진다.

요즘 기성세대 일부는 젊은 세대를 집중력이 없는 건방진 애송이들이라고 크게 불평할 수 있지만 사실 스크린 기술의 빠른 방식이 실제로 주의력을 감소시킨다. 그러나 여기에는 세대 간 차이 이상의 것, 즉 생물학적 이야기를 하고 있는 것이다.

지금도 당신이 여전히 이 책을 읽고 있다면, 나는 할 바를 제대로 하고 있는 것이다. 내가 쓴 것을 읽으려는 결정은 1분도 채 걸리지 않는다. 당신이 여전히 나의 책을 읽고 있다면, 나는 당신이 계속 읽을 수 있도록 충분히 흥미롭고 관련성이 있으며 이해할 수 있는 내용을 담아내야 한다.

이 모든 것이 중요한 이유가 여기에 있다. 설교의 첫 순간은 설교의 효과에 있어서 절대적으로 중요하다.

그렇다. 사람마다 주의력 집중 시간이 다르다.

그렇다. 어떤 사람들은 설교의 첫 순간이 그다지 끌리지 않더라도 진지하고 주의 깊게 설교를 들을 것이다.

그렇다. 어떤 사람들은 설교의 첫 순간이 얼마나 잘 만들어졌는지에 상관없이 주의가 산만하거나 무관심할 것이다.

궁극적으로 성령은 설교 말씀을 통해 그분이 원하는 것은 무엇이든 하실 수 있다.

그러나 이러한 모든 자격을 갖추었음에도 불구하고 설교학, 수사학, 교육학 및 신경학적 관점에서—간단히 말해서 인간의 관점에서—설교의 첫 순간이 매우 중요하다는 것을 인식할 수 있다. 당신의 설교를 듣고 쉽게 산만해지는 사람들의 주의를 끌기 위해 의도적으로 설교의 시작을 만드는 것은 설교자로서의 책임이다.

다음은 설교의 도입 부분에서 하지 말아야 할 일과, 해야 할 일이다.

□ 하지 말아야 할 것

(1) 설교 준비의 물리적 부분에 대한 준비가 제대로 되지 않은 상태로 강단에 들어가지 마라. 예배가 시작되기 전에 마이크가 작동하는지, 강단의 높이가 올바른지, 조명이 눈에 어떻게 비취는지, 원고가 잘 보일지 확인하라. 설교를 시작하는 데 방해가 되는 방해 요소를 제거하라.

(2) 마이크 켜기, 손목시계 벗기, 물 마시기 등 시간을 낭비하며 주의를 산만하게 하는 것부터 점검하라. 자리를 잡기 전에 이 모든 일을 하거나 아예 하지 마라.

(3) 공손하게 시작하라. 공손하지 않으면, 설교의 소명과 당신의 목표에 역효과를 낳을 뿐만 아니라, 지혜와 능력에서 오는 것이 아니라 안정되기를 바라는 불안에서 오는 것이 확실하다.

(4) 설교 외의 다른 어떤 것을 이야기하는 것으로 시작하지 마라. 설교자는 종종 초대해 준 이에게 감사하고 그들을 칭찬하느라 귀중한 시간을 낭비한다. 우리는 그런 것이 필요하지 않다. 바로 설교를 시작하라.

(5) 어떤 식으로든 청중을 비하하지 마라. 청중은 불쾌해지면 신속하게 적극적 참여를 그만둔다. 그들의 창문은 닫힐 것이다.

□ **해야 할 것**

(1) 즉시 설교를 시작하라.
(2) 설교의 시작 부분을 적어서 암기하거나 거의 암기하라. 첫 번째 말들은 매우 중요하므로 잘 만들고, 알고 있어야 청중을 보며 함께할 수 있다. 그리고 미소를 잊지 마라.

(3) 때때로 청중의 마음을 진정으로 사로잡는 사려 깊은 질문으로 시작하라(19장 '예측의 힘' 참조).

(4) 종종 유머러스하고 흥미롭고 사사로운 것으로 시작하라. 사람들은 대개 무의식적으로 그들이 당신을 좋아하는지, 당신을 믿을 수 있는지, 당신의 말을 듣고 싶어하는지 여부를 결정한다. 설교자가 도입 부분에 하는 모든 것은, 청중의 그 판단에 영향을 주며, 하나님의 말씀에 마음을 열게 될지 아닐지 결정하는 중요한 단초가 된다.

그러므로 설교의 첫 순간을 중요하게 준비하는 작은 설교의 첫 단계를 시작하라. 이 작은 투자가 설교의 큰 효과를 가져올 것이다.

16.
설교의 마지막 순간

전도서의 다소 냉소적인 지혜자는 "일의 끝이 시작보다 낫다"(전 7:8)라고 말한다. 설교자와 수사학자는 이 말에 적어도 부분적으로 동의할 것이다. 설교의 시작과 끝은 설교의 영향과 감명을 주는 면에서 가장 중요한 부분이다.

우리는 평균적으로 35분 정도 설교에서 대략 3-4,000 단어 중 지속해서 작은 비율만을 받아들인다는 것을 알고 있다. 그래서 생생한 예화와 일상적인 이야기가 좋다. 설교의 처음과 마지막 순간은 절호의 기회이다. 나머지 대부분은 잊혀질 것이다. 따라서 마지막 순간에 주의를 기울이는 것이 정말 중요하다.

설교자들은 설교에서 전할 내용을 완전히 작성한 원고 또는 요점만 적은 메모 등, 설교를 어떻게 계획하고 작성할지에 대한 다양한 철학과 습관이 있을 것이다. 괜찮다. 그러나 설교자는 설교의 마지막 순간을 사려 깊게 계획적이며 의도적으로 준비해야 한다. 여기에 설교의 마지막 부분에 하지 말아야 할 사항과 해야 할 사항이 있다.

□ 하지 말아야 할 것

(1) 비행기 착륙 실패.

좋은 설교를 망칠 수 있는 나쁜 방법은 명확성도, 완성도도 없이 약하게 끝맺는 것이다. 나는 실제로 설교자가 "글쎄, 내가 할 말은 그게 다입니다"로 끝나는 것을 들었다.

설교는 일반적인 대화가 아니다. 의도적으로 만들어진 의사소통이다. 비행기의 연료가 다 떨어지고 추락할 때까지 설교한다고 날아다니지 마라. 목적지를 파악하여 탱크에 연료를 넣은 상태로 비행기를 착륙시키고 승객의 안전을 염두에 두라.

(2) 당신의 설교가 끝날 때 청중을 놀라게 하지 마라.

청중은 설교의 끝이 올 때 언어적이든 비언어적이든 문제 해결의 실마리를 받아야 한다. 청중에게 적용할 것이 무엇인지 목록을 제공하거나 '마침내' 또는 '그러므로 이것을 모두 마무리한다면'과 같은 표현을 사용해 끝이 가까워지고 있음을 알려야 한다 (그러나 정말로 마지막이 임박했을 때 해야지, 10분 정도 남았을 때부터 이런 말을 하면 안 된다. 이미 나의 아내와 아이들은 이런 부분을 지적해 왔다.)

(3) 설교의 마지막 순간에 새로운 아이디어나 새로운 주장을 소개하지 마라.

완전히 다른 방향으로 설교를 진행하지 않는 한, 마지막으로 새로운 예화를 사용하고 싶을 수도 있다. 이것은 청중의 주의를 산만하게 하고 설교의 마지막을 느끼는 데 도움이 되지 않는다. 설교의 마지막 부분에는 설교에서 말한 것을 강조하고, 익숙한 명확성과 생명을 주는 희망으로 청중들을 그리스도 안에서 하나님께로 인도하는 것이 좋다.

(4) 실제로 하나님에게가 아니라 회중에게 세 가지 요점을 되풀이하는 '기도'로 설교를 마무리하지 마라.

"주님, 이들이 세 가지 해야 할 일을 기억하도록 도와 주십시오" 등, 이것은 좋은 기도도 좋은 설교도 아니다.

□ **해야 할 것**

(1) 모든 설교는 하나의 이야기라는 것을 기억하라.

따라서 끝은 시작과 같이 정교하고 의도적이어야 한다 (20장 '모든 설교는 이야기로' 참조).

(2) 매우 구체적인 적용에서 마음을 얻으라.

일반적이고 추상적인 진부함에 만족하지 마라. 나는 종종 설교의 마지막 5분에서 7분을 청소년들, 젊은 부부들, 은퇴한 사람들, 무관심한 사람들, 기뻐하는 사람들, 우울한 사람들, 부서진 사람들, 또는 참을 수 없는 고통에 직면한 사람들의 실제 상황을 나의 설교에 적용 포인트로 사용한다.

(3) 당신의 결말을 명확하게 쓰라.

설교 시작의 첫 1분과 마찬가지로, 마지막 1분은 설교의 전반적인 영향 측면에서 필수적이므로 가볍게 여기지 마라. 의도적으로 잘 준비하며, 내용, 형태 및 당신의 언어에 주의하면서 말하려는 내용을 작성하라.

(4) 긍정적이고 초대의 내용으로 마무리하라.

만약 설교가 부정적인 말로 끝맺는다면, 회중은 드디어 설교가 끝났다고 기뻐하며 예배당을 떠날 것이며, 거기에 자신들의 마음과 생각은 없고 불편함을 피해 자리를 떠날 것이다.

(5) 전체 설교의 요점을 하나로 묶으라.

내용과 적용에 대한 빅 아이디어는 마지막으로 청중에게 남겨야 한다. 청중들이 예배 후 점심시간에 설교의 요점이 무엇인지 서로가 반복해서 이야기할 수 있어야 한다. 설교의 마지막 순간은 청중의 마음과 생각에 빅 아이디어를 이식하기에 가장 좋은 순간이다.

당신이 지금 이 글의 몇 문장을 읽고 있는 것도 마지막이기 때문이다. 그러므로 설교를 잘 마무리하는 작은 설교의 단계를 밟으라.

17.
교회력을 통해 설교하라

인간은 스톤헨지(Stonehenge)와 같은 거석문화 시대의 구조물에서 중국, 페르시아, 로마 시간의 메카니즘을 통해 크리스마스 때 쇼핑몰 매장에서 '클래식 고성능 차'(Classic Muscle Car)와 '바구니의 고양이'(Kittens in Baskets) 사이에서 선택하는 것까지, 우리가 아는 한, 시간을 추적할 수 있는 방법을 창안해 왔다.

오늘날 우리는 연간 일정을 구성하는 다양한 방법이 있으며, 각 방법은 시간에 대한 우리의 경험을 특정한 방식으로 구성한다. 우리는 개학 기간, 공휴일, 졸업식이 포함된 학사 일정이 있다. 회사 및 기타 조직은 때때로 7월에 4분의 1로 재정을 추적하고 새 예산 주기를 종료 및 시작하는 회계 연도가 있다. 우리에게는 다양한 공휴일이 있으며, 그중 대부분은 가족을 만나기 위한 여행이나 관광지로의 여행이 포함된다.

이 모든 것은 그들이 살아가는 문화와 하위 문화에 뿌리를 두고 있다. 호주 여학생(역자 주: 대한민국 학생)에게는 8

월에 수업을 시작하는 것이, 마치 부활절 휴일 동안 디즈니 월드에 가야 하는데 아프가니스탄에 가는 것과 같이 이상하게 보일 것이다.

우리는 성경 전체에서 하나님의 백성이 특별한 시간과 계절과 성일을 인식하고 축하함으로써 그들의 시간을 조직하도록 지시하셨음을 본다.

예를 들어, 이집트의 종살이에서 이스라엘 백성을 구원하신 하나님을 기억하기 위해 니산월 14일과 15일에 유월절을 지켰다. 티슈레이월에는 욤 키푸르(속죄일)와 초막절(장막의 축제)이 매우 중요한 명절이다. 이후의 유대인 축제에는 에스더의 이야기를 기억하는 아달월 14일의 부림절과 B.C. 164년 성전 재봉헌을 기념하는 키슬레프 25일의 하누카가 있다. 그리고 물론 하나님은 창조의 질서에 따라 일곱 날 중 하루를 안식일로 정하셨으니 이는 다른 날과 다른 안식일이다.

이 모든 것이 설교자로서의 우리의 삶과 어떤 관련이 있는가?

시간과 계절을 준수하는 이 성경적이고 보편적인 인간의 패턴에 따라, 교회는 초기부터 우리의 삶을 조직하기 위해 다른 날과 계절을 인식했다. 결국, 이것은 복합적이고 아름다운 교회력으로 발전했다. 이 교회력이 그리스도 언약의 일부로 준수되어야 하는 새 율법은 아니지만(갈 4:10;

골 2:16 참조), 교회는 오래전부터 그리스도의 이야기를 중심으로 그리스도인의 삶을 조직하는 가치와 유익을 인식해 왔다. 교회력은 신자들에게 그리스도 안에 있는 하나님의 구원 사역을 상기시키고 기독교인들의 감성과 애정을 이끌며 형성하기 위한 삶의 리듬을 제공한다.

연간 일정은 예수 이야기의 여러 부분을 나타낸다. 예언과 탄생(강림), 고난과 죽음의 때(사순절), 부활의 때(부활절), 성령을 주시는 때(오순절)이다. 이 특정 절기 사이에도 '평범한 시간'이 있으며, 연중 내내 특정 주일은 기독교에 대한 다양한 역사적, 신학적 진리(삼위일체 주일, 주현절 등)를 기억하게 한다.

우리는 교회의 어떤 전통이든 상관없이 특별한 날을 지키는 것이 유익하다는 것을 인식할 수 있다. 결국, 거의 모든 기독교인은 예수께서 죽음에서 부활하신 날을 기념하기 위해 늘—다른 날이 아닌—주일에 모였다. 마찬가지로 기독교인들은 최소한 부활절과 크리스마스의 특별한 날을 정기적으로 지킨다.

우리의 설교와 교회생활의 요점은 이것이다. 과거에 어떻게 해 왔는지 모르지만, 교회력을 설교 일정에 짜 넣는 이점을 고려하라. 이는 신자들이 그리스도인으로서의 정체성을 기억하고 기념할 수 있도록 돕는다. 대부분이 이미 축하하고 있는 교회의 큰 단계의 절기는 크리스마스, 성금요일, 부활절이다.

다음으로 작은 단계는 대림절 네 번의 주일(크리스마스 전 준비 시간)과 세족식 목요일(최후의 만찬과 예수께서 제자들의 발을 씻기신 일)일 것이다. 사순절(부활절을 준비하는 고난의 시간), 오순절 주일, 삼위일체 주일, 주현절(동방 박사의 도래를 기념하는 크리스마스의 열두 번째 날)을 포함하는 것도 유익하다.

대부분 복음주의 전통에서 이 교회력을 지키는 설교는 특히 성경을 통한 정기적인 설교와 잘 연결된다. 특별한 날에 특정 본문을 설교하는 것은 좋은 훈련이 될 수 있으며, 다른 설교 시리즈가 진행되는 동안 성경의 핵심 진리와 예수 이야기를 상기시키는 데 도움이 될 수 있다.

또한, 특정 절기에 전체적으로 설교를 하고 싶지 않다면, 읽기(묵상 낭독), 기도, 고백 등 예배의 다른 측면을 사용해 특별한 주일과 계절을 강조할 수도 있다. 교회는 그들이 원하는 만큼 교회력을 자유롭게 채택하고, 그들이 있는 곳에서 사람들을 만나고 지역 및 교단 관습에 따라 다음 단계로 갈 수 있다.

요컨대 교회력은 우리의 삶의 기억을 재형성하고 그리스도를 통해 세상에 계시는 하나님의 임재로 마음을 돌리는 데 도움이 되는 선물이다.

18.
문화력을 통해 설교하라

우리가 문화력을 단순히 재미로 해석하든, 아니면 냉소적으로 순전히 성급한 마케팅으로 해석하든, 이미 우리에게는 거의 모든 '~의 국경일'을 갖게 되었다. 당신이 그것을 느끼든지 느끼지 않든지, 오늘은 블루베리 팬케이크 데이, 버블 랩 감사의 날, 법 집행의 날, 크림 퍼프의 날 또는 애완동물 차려 입히는 날(National Dress Up Your Pet Day - 1월에만 일부, 역자 주: 우리나라에는 3.1절, 광복절, 한글날 등)일 수 있다.

아마도 이러한 예 중 어느 것도, 당신이 설교하는 내용이나 주일 예배 계획에 영향을 미치지 않을 수 있다.

그러나 한 문화의 일부인 특별한 날은 검증되지 않은 전통이지만, 외부의 압력 또는 목회자의 의도에 의해 교회에서 일어나는 일에 영향을 미치는 어머니의 날, 아버지의 날, 추수감사절과 같은 특별한 날과 관련된 설교를 해야 한다면 어떠한가?

또는 생명의 신성 주일(Sanctity of Life Sunday), 마틴 루터킹 주니어 데이(Martin Luther King Jr. Day), 입양 주일 또는 박해

받는 교회를 위한 주일은 어떠한가?

재향 군인의 날, 현충일, 독립 기념일, 노동절(마 20:1-16 본문으로)은 어떠한가?

옳고 그름에 대한 명확한 답은 없지만, 자신의 문화와 지역 및 교단의 교회 전통에 민감한 지혜로 결정을 내려야 한다. 우리는 어떤 특별한 주일을 포함하는 것에 대해 절대적 영역에서 논쟁할 필요가 없다. 이것들은 신앙에 필수적이지 않은 문제이다.

그러나 우리는 계획적인 것이 필요하다. 양쪽의 극단은 피해야 한다. 문화력을 완전히 무시하여 얻을 수 있는 자기 의(義)의 명예 훈장은 없으며, 반대로 특정 공휴일을 지켰기 때문에 계속 그렇게, 그리고 같은 방식으로 해야 한다고 가정해서도 안 된다. 목회자와 교회 지도자들은 어떤 주일을 지키고 싶은지, 왜 지켜야 하는지를 생각하고 필요에 따라 회중에게 자신의 결정을 설명해야 한다.

특별한 주일을 기념할 때의 장단점은 무엇인가?

한 가지 단점은 교회가 특정 주일을 지키면, 교회 달력의 많은 부분을 차지하게 될 수 있다는 것이다. 특히, 교회가 교회력의 여러 측면을 사용하는 경우에는 더욱 그렇다(17장 '교회력을 통해 설교하라' 참조). 교회가 성경을 순서대로 설교하는 렉티오 콘티뉴아(*lectio continua*)에 전념한다면, 너무 많은 특별 주일이 이 설교의 가치 있는 연속성을 방해할 수 있다. 실제로 교회가 여러 개의 특별한 주일을 따로 떼어 놓으면, 일부 교인들은 그들에게 특별한 주일을 포함시키기 위해 로비를 시작할 수도 있다.

"재향군인의 날이 있었는데, 왜 현충일을 안 했지?"

"당신은 생명의 신성 주일은 지키는데 인종 화해 주일은 안 지키나요?"

나는 목회자가 이러한 잠재적인 불편함과 갈등적인 상황을 피하기 위해 특별한 주일을 지키지 않는 것이 더 나을 수 있다는 것을 이해한다. 그러나 고려할 가치가 있는 특별한 주일을 존중해야 할 이유가 있다. 교회가 주요한 설교 방식으로 성경 강해에 전념하더라도 때때로 주제 또는 신학적인 설교를 하는 것이 좋고 적절하다.

교회의 역사는 사람들이 성경 전체를 알기 위해 크고 중요한 진리의 이해를 돕는 설교를 정기적으로 포함시켰음을 증거한다. 따라서 모성, 부성, 육아, 죽음과 기억의 문제, 심지어 전쟁과 국가 정체성에 대한 문제에 대해 생각하도록 돕는 설교는 좋은 것이니 이를 적절하게 사용해야 한다.

설교와 성경이 밀접하게 관련된 것은 우리의 모든 삶에 적용되어 사람들이 성경적으로 생각하고 사는 법을 배우도록 도우려는 것이다. 특정 주일에 관심을 갖고 강조하는 것은 청중을 인도하고 가르치는 최고의 좋은 기회를 제공한다. 하나님 나라 안에서는 참전 용사, 어머니, 다른 민족, 믿음을 위해 고통받는 사람들을 막론하고 필요에 따라 존경을 표하고 격려를 베푸는 것이 선하고 합당하다.

특별한 주일을 잘 지키려면, 지혜롭고 민감한 정신이 필요하다. 지금 세대는 불임에 대해 폭넓은 측면에서 고통스러운 경험을 하며 과거보다 더 민감하다. 그러나 그렇다고 해서 어머니의 날을 피하거나 사과해야 한다는 의미는 아니다. 모든 여성이 어머니가 될 수는 없더라도, 어머니의 헌신은 여전히 존중받을 가치가 있다. 목회자는 회중의 만감이 교차함을 인지하고 지혜롭게 양측과 대화해야 한다.

물론, 자녀에게 상처를 준 나쁜 아버지들도 많이 있으며, 우리 회중의 일부는 고아이다. 그러나 아버지들에게도 격려와 권면이 필요하며, 하나님이 아버지이심을 강조할 가치가 있는, 성경의 중심 주제이기도 하다.

일부 회중 특히 30세 미만은 공격적인 민족주의에 과도하게 민감해 할 수 있지만, 참전 용사로 국가를 위해 목숨을 바친 사람들은 여전히 존경하고 기억할 가치가 있다.

이 모든 것의 핵심은 지혜이다. 특별한 주일의 경우, 한 가지 해결책은, 그 사건을 회중들이 노트에 기록하도록 하는 설교 대신, 예배의 다른 측면을 사용하는 것이다. 전체 예배는 평범하게 진행하되, 특별한 문화 주일을 위한 존중하는 기도, 읽기(묵상) 또는 인식하는 시간을 갖는 것이다.

19.
예측의 힘

내가 여기서 무엇을 논할 것이라고 생각하는가?
질문하는 것을 그토록 중요하게 만드는 우리의 뇌는 어떠한가?
설교에서 질문을 하는 것이 무슨 소용이 있다고 생각하는가?

"나는 당신이 거기에서 한 일을 안다"라고 하면, 당신은 당장 반응할 것이다. 괜찮다. 나는 당신이 대답을 예측하도록 초대하는 질문을 하면서 이 글을 시작하는 것이다. 예측 질문에는 큰 힘이 있기 때문이다. 그리고 그것이 내가 주장하는 설교의 효율성을 크게 향상시키는 작은 방법 중 하나이기 때문이다. 바로 사려 깊고 흥미로운 예측 질문을 하는 것이다.

여기서 다시 앞으로 가 보겠다. 제임스 랭(James Lang)의 소중한 책 『작은 가르침』(*Small Teaching*, 서문을 참조하라)에서 그는 예측의 힘에 관해 교육 및 학습 전문가들이 수행한 여러 연구를 조사했다. 그중 인상적인 통계의 아이디어를 보면, 학생들이 자신들이 학습하려는 자료에 대한 질문에 답을 예측하도록 초대될 때, 그들의 이해도와 기억력이 크게 향상된다는 것이다. 예를 들어, 음악 감상 수업에서 전혀 익숙하지 않은 음악을 접하기 전, 사전 테스트를 받은 학생들은 이 테스트를 치르지 않은 학생들보다 나중의 테스트에서 훨씬 더 나은 성적을 낸다.

또 다른 예를 들면 다음과 같다. 문학 수업에서 『모비딕』(Moby-Dick)을 읽는 도중에 다음에 무엇이 나올지 그리고 등장인물이 어떻게 행동할지 추측하도록 요청받은 학생들은, 이야기를 훨씬 더 깊이 이해하고 몰입하게 된다.

예측의 인지적 행위가 학습을 심화시키는 이유는 무엇인가?

랭이 지적했듯이 우리의 뇌는 단순히 지식이 구분되어 꾸러미로 유지되고 회수되는 파일 폴더 같은 것에 정보를 저장하지 않는다. 정반대이다. 우리의 뇌는 아이디어, 개념, 사실 및 경험이 상호 연결된 네트워크를 통해 그물처럼 기능한다.

지식은 '우리가 알고 있는 것들 사이의 연결망'이다.[14] 우리가 예측을 시도할 때, 우리의 마음은 자연스럽게 다음에 일어날 수 있는 일을 추측하도록 돕는, 우리가 알고 경험한 것과의 연결을 찾는다. 이 활동은 뇌가 새로운 연결을 만들도록 자극하여 신경망을 두꺼워지게 한다. 그것이 우리가 '학습'이라고 부르는 것이다.

그렇다면 이것이 우리의 설교와 어떤 관련이 있는가?

간단한 적용이 무엇인지 이미 예측했을 것이다. 청중이 설교의 내용을 숙고하고 예측하도록 돕는 사려 깊은 질문을 하는 방법을 배우라. 이것은 다양한 형태를 취할 수 있다. 나는 때때로 회중들이 특정 상황에서 무엇을 할 것인지 생각해 보라고 하는 질문으로 설교를 시작한다.

아니면 바울 본문의 논증을 연구할 때, 나는 잠시 멈추고 "세상 속에서 하나님이 다음으로 무슨 말씀을 하실까?"라고 묻는다. 또는 강력한 성경 이야기를 다시 말할 때, 나는 이야기의 정점에서 멈추고 "어떤 일이 일어날 것 같습니까?"라고 말한다.

이러한 종류의 예측 질문은 청중을 강력하게 사로잡아, 예배 후 점심으로 무엇을 먹을지 또는 내일 출근할 때 무엇을 입어야 하는지 헤매고 있는 청중의 마음을 다시 사로잡고 끌어당긴다. 이 기법은 하나님이 우리의 신비한 마음을 만드신 아름다운 방식에 기초한 약간의 설교적 지혜이다.

당신은 어떻게 생각하는가?

이것이 작동할 수 있다고 생각하는가?

20.
모든 설교를 이야기로

하나부터 열까지 우리는 이야기의 창조물이다. 우리는 이야기의 연대기를 떠나서 존재할 수 없으며 우리의 삶을 생각할 수도 없다. 우리의 과거, 현재, 미래는 우리의 존재와 정체성을 나타낸다. 홀로 영원하신 하나님이 우리를 이 4차원적 현실 속으로 인도하셨기에 성경의 거의 모든 부분이 이야기로 구성되어 있는 것은 우연이 아니다. 더군다나 성경의 형식적인 면에서 직접적인 이야기가 아닌 20퍼센트 부분도, 창세기의 창조부터 계시록의 새 창조에 이르는 성경의 장대한 이야기 속에 놓여 있을 때에만 의미가 있다.

성경과 삶 모두에 널리 퍼져 있는 창조적 이야기는 설교의 차원에서 의미가 있다. 가장 효과적인 설교는 이 깊이 묻힌 성경적이고 인간적인 이야기의 장을 활용하는 것이다. 성경의 어느 부분이나 어떤 주제든지 설교를 통해 이야기로 말할 수 있고 또 그래야 한다. 단순히 이야기와 관련되어 있다는 것이 아니라, 이야기 속에서 하나님의 피조물로서 우리가 누구인지를 말해 주기 때문이다.

그렇다면 이것은 무엇과 닮았는가?

모든 이야기의 기본 구조를 생각해 보라. 고맙게도 처음부터 시작할 필요가 없다. 적어도 아리스토텔레스로 돌아가서 고대 사상가들의 관찰이 아직도 도움이 되는 것은 이야기가 플롯(plot)의 연대표를 중심으로 발전한다는 것이다. 명제에서 결론까지 단계적으로 진행되는 논쟁과 달리 모든 이야기는 플롯 전개의 동일한 롤러코스터 흐름을 기반으로 한다. 그리고 플롯의 중심은 이슈가 제시되고 발전된 다음 해결로 이어지는 긴장이나 문제이다. 긴장이 없으면 이야기도 없다.

플롯 패턴의—비극이든, 로맨틱 코미디든, 여행이든, 인간 발달 이야기든—모든 이야기는 다음과 같은 흐름을 보여 준다.

제기, 긴장감 상승, 긴장의 최고점, 해결, 후속 행동(조치).[15] 이것이 모든 이야기의 구조이다. 또한, 이것이 모든 설교의 틀이 되어야 한다. 하나님은 우리의 삶을 이야기 속에 집어 넣으셨고, 따라서 이야기 속에 우리의 몸과 마음과 정신 전체를 끌어모으는 것은 당연하다.

다시 말하자면, 이것은 어떤가?

당신이 구약의 선지서든, 신약의 서신서든, 다윗의 역사 이야기든, 다윗 후손의 복음서 전기로 설교하든, 설교의 구조는 이 기본 플롯 틀의 기초 위에 세워져야 한다는 것이다.

제기. 설교의 도입부는 앞으로 일어날 일에 대한 분위기와 지적 공간을 설정한다. 설교자의 입에서 나오는 첫 단어는 소설의 첫 줄이나 신화 서사시의 '옛날 옛적에' 만큼 중요하다. 설교의 도입부에서 당신의 메시지가 다룰 아이디어가 드러나야 한다.

긴장감 상승. 도입부에서 바로(나는 처음 2분 이내를 목표로 함) 청중을 사로잡는 질문, 긴장, 문제를 제기해야 한다. 그것은 이미 잘 알려진 질문이나 감정적 몸부림 또는 좌절일 수도 있다. 아니면 청중들이 전에는 한 번도 제대로 표현해 본 적 없는 질문을 제기할 수도 있다. 어느 쪽이든, 이것은 청중의 참여를 끌어모으는 중요한 단계이다. 플롯이 없으면 이야기도 없다. 긴장이 없으면 설교도 없다.

긴장의 최고점. 당신의 설교는 긴장의 산꼭대기에 도달해야 한다. 사람들이 당신의 이야기가 본문의 아이디어의 필요와 강렬함을 손으로 만져질 듯한 지점으로 데리고 간다는 높이와 깊이를 느껴야 한다. 분위기가 변하지 않는 이야기는 지루하다. 설교도 그렇다.

해결. 당신의 설교는 해결할 수 없는 딜레마로 영혼을 불안하게 하거나 부담을 주기 위해 고안된 것이 아니다. 설교의 핵심은 신학적으로나 수사학적으로나 본문이, 또한 당신이 강조한 긴장에 대해 본문이 제공하는 성경적 해결책을 주는 것이다. 어떤 설교에서는 해결이 비교적 일찍 일어나며, 설교의 대부분 해결을 풀어 준다. 다른 설교에서는 끝에서 두 번째 움직임까지 긴장을 만들어 낸다.

후속 행동. 이야기의 서사 구조에서 후속 행동은 일반적으로 노골적이기보다 암시적이다. 이야기는 등장인물에게 어떤 좋은 일이 일어날지, 나쁜 일이 일어날지를 말해 줄 수 있지만, 현학적인 시시콜콜한 이야기는 마지막에 지나치게 '설교적'으로 한다(아인 랜드[Ayn Rand] 작가를 생각해 보라). 그러나 설교는 본문의 해결된 긴장을 21세기(역자 주: 펜데믹 시대)를 살아가는 사람들의 실제 삶에 친절하고 사랑스럽게 적용하기 위해 부단히 노력해야 한다. 분명하고 구체적인 적용으로 연결하는 것은 우리가 설교자로 부르심을 받은 이유이며 사람들이 정확히 원하고 필요로 하는 것이다.

시선을 끌어모으는 모든 이야기와 마찬가지로 설교에서도 이 플롯 틀을 노골적으로 설명해서는 안 된다. 그럼에도 설교 구조에는 반드시 플롯 틀이 있어야 한다. 설교의 플롯 구조 버튼과 전기 배선은 멋지게 칠해진 설교 말씀의 벽으로 덮일 것이다. 구조물은 청중이 살 수 있는 아름답고 살기 좋은 집, 세상의 벽 뒤에 있어야 한다. 당신이 설교하는 본문의 유형과 상관없이 모든 설교를 이야기로 만들라.

21.
당신의 설교를 음악으로 만들라

라이브 음악만큼 좋은 것은 없다. 언제라도 음악을 녹음하고 들을 수 있게 하는 기술도 놀라운 선물이지만, 실력 있는 음악가들이 직접 몸으로 연주하는 것을 실시간으로 보는 것은 완전히 별개의 일이다. 노래보다 더 중요한 일이 발생한다. 체현되고 공유하는 순간이다.

더 나아가 때로는 초월적인 것과 맞닿는 구체화가 이루어지고 그것이 공유되는 순간이 있다. 이것은 부분 부분을 합쳐 놓은 것보다 음악가, 음악, 청중 및 공간의 신비한 조합과 많은 것을 더하는 즉흥 연주 또는 콘서트이다. 정말 멋지다.

그러나 음악가도 현실을 사는 사람이다. 이는 악보 진행, 가사 또는 화음의 움직임을 거치지만 때때로는 음악을 만드는 것이 틀에 박힌 습관에 빠지는 생계 유지형 음악가로 전락할 때도 있다. 이것은 심각한 문제이다. 익숙함이 무시함을 낳듯이 반복은 무감각을 가져온다.

마찬가지로 모든 설교는 실제로 성경을 연구하고 다른 사람들을 가르치는 것으로 생계를 유지하는 소수의 사람들이 제공하는, 살아 있고 구체화되는 공유의 창조물이다. 그러나 틀에 박힌 습관은 우리의 기술, 노력, 충실하고 진심하려는 열망과 상관없이 우리를 고랑으로 끌어들인다.

나는 모든 장르의 라이브 음악을 많이 보아 왔다. 그러나 나의 최상위 리스트에는 최근 몇 년 동안 참석한 콘서트인 포스트모던 쥬크박스(Postmodern Jukebox)라고 불리우는 고도로 숙련된 재즈 뮤지션 그룹이 있다. 이 콘서트가 그토록 기억에 남는 이유는 그들이 단지 그들의 노래를 연주하는 데 그치지 않았다는 것이다. 그들은 음악을 만들고 있었다. 즉, 올바른 음표를 탁월하게 연주하는 동작만 거치는 것이 아님이 분명했다. 그들은 그 순간에 열광하고 있었고 모든 것을 걸고 진심 어린 마음과 기쁨을 안고 우리 바로 앞에서 음악을 만들고 있었다.

이 노래 연주 vs 음악 만들기의 차이점이 우리의 설교를 주도하고 형성하는 비전이어야 한다. 기술과 노력은 설교 준비와 강단 모두에서 존재해야 하지만, 우리는 그것에 만족해서는 안 된다. 우리가 올바른 설교 음표와 음계를 연주했다고 해서 우리의 일이 끝났다고 생각해서는 안 된다. 사람들은 연주 이상의 것을 필요로 한다. 그들은 매주 라이브로 자신들을 위해 음악을 만드는 우리가 필요하다.

우리는 어떻게 해야 하는가?

우리의 입장에서, 우리는 자신을 모든 면에서 연약하지만, 열정적이며, 겸손하고, 자기방어 또는 실패에 대한 두려움을 주저하지 않는 위험을 감수할 준비가 되어 있다고 의식하는 것이다. 나는 회중 앞에 나서기 전에 내가 하고 있는 일이 항상 내 능력과 기술을 훨씬 뛰어넘는 중요한 일이라는 것을 스스로 상기한다.

이 설교의 순간은 젊은이의 삶의 방향을 바꾸고, 결혼생활의 상처를 치유하고, 암 투병 중에 있는 사람들에게 희망을 주는, 세상에서 선을 위해 일하시는 하나님의 역사이다. 이것이 내가 온 마음으로 할 수 있도록 돕는 것이다.

하지만 궁극적으로 우리가 그 신비하고 초월적인 음악적 순간을 통제할 수 없다. 그것은 성령을 통해 일하시는 하나님 자신의 역사이다. 이것이 우리가 기쁜 마음으로 하나님이 역사하시도록 기도하는 이유이다. 이것이 좋은 소식, 복음이다.

매주 주일 아침에 하나님이 사랑하는 백성에게 노래를 부르실 악기를 연주할 준비가 된 숙련된 음악가로 나타나라. 설교를 단순히 실력 있는 연주라고 보는 것을 거부하고 당신을 통해 음악을 만들어 달라고 하나님께 간구하라.

22.
항상 강해?

당신은 우선 내가 말하려는 것에 대해 부정적인 반응을 보일 것이다. 하지만 나의 말에 동의하지 않기 전에 이해하려고 노력해 주길 바란다. '시작하려나 보군.' 나는 우리가 성경의 모든 부분을 강해적으로 설교해야 한다고 확신하지 않는다. 음 … 심호흡을 한번 하시면, 내가 무슨 말인지 설명하겠다.

내 주장에 대한 많은 사람은 디모데후서 3:16-17을 들어 반대한다. 나 또한 그래야 한다는 것을 알고 있다.

> 모든 성경은 하나님의 감동으로 된 것으로 교훈과 책망과 바르게 함과 의로 교육하기에 유익하니 이는 하나님의 사람으로 온전하게 하며 모든 선한 일을 행할 능력을 갖추게 하려 함이라(딤후 3:16-17).

이 중요한 본문은 성경의 본질에 대한 진술만이 아니다. 그것은 또한 하나님의 말씀의 기능과 목표가 무엇인지, 즉 사람들이 선행을 하도록 변화시키기 위해 가르치고, 책망하고, 훈련하는 것을 명시한다. 이 구절과 이에 대한 해석은 초기부터 모든 기독교에 중요했지만, 특히 개신교 전통에서, 그리고 복음주의 전통에서는 더더욱 복음 사역의 주요 수단으로서 이 말씀을 지극히 높은 가치로 여기고 있다.

그 결과, 많은 현대 복음주의자에게 구별되는 정체성 표지는 성경의 강해적 설교이다. 즉, 복음주의자들은 단순히 사상이나 가르침을 전달하기 위해 성경을 파고드는 것이 아니라 성경이 말하는 바를 체계적으로 설명하기를 원한다. 역사적으로 이것을 렉티오 콘티뉴아(lectio Continua)라고 불렀다. 이 특징은 성경 전체를 설교하는 것이다(대개 20분 안에 소리 내어 읽을 수 있는 말씀을 설명하는 데에는 수년이 걸린다).

나는 우리가 성경의 모든 부분에서 강해적으로 설교할 필요가 없을지도 모른다는 제안이 오랜 설교 관습에 어긋나는 것임을 인식한다. 그러나 몇 가지 생각을 고려해 보기 바란다.

우선, 모든 성경이 가르치고 책망하고 훈련하는 데 유익하다고 하는 것이, 성경 전체를 다 같은 방식으로 다루고 통용해야 한다는 것과는 다르다. 그렇다. 모든 성경은 영감을 받아 유익하고 귀하지만, 우리는 성경이 이러한 목적을 위해 어떻게 작용해야 하는지를 고려해야 한다. 예를 들어, 시편은 기도와 노래이다. 우리는 그것들로부터 진리와 신학을 배울 수 있기에 그것들은 유익하고 귀하다. 그러나 우리는 개인 및 공동체 기도와 노래의 목적에 따라 유용하게 그것들에게서 배운다. 이러한 생각을 계속하면서 성경의 다른 부분인 잠언도 고려할 수 있다.

우리는 이것을 강해적으로 설교하는가?

시도하자마자 잠언이 어떻게 구성되고 작용하는지에 민감하다면, 기껏해야 화제가 되는 구절을 한 구절씩 진행하는 것 외에 다른 전략이 필요하다는 것을 금세 깨닫게 될 것이다. 잠언을 주제 설교로 하는 것은 확실히 훌륭하고 좋은 일이다.

그러나 잠언의 유익한 점이 강해보다 개인적인 묵상과 적용을 위한 것이라면 어떠한가?

우리는 사람들이 이해할 수 있도록 가르쳐야 하지만, 아마도 책을 통해 설교하는 것이 최선의 방법은 아닐 것이다.

잠언은 설교에서 강해될 의도로 조합되었는가?

분명히 아닌 것 같다.

또는 이 문제를 약간 다른 방향으로 보기 위해 갈라디아서와 같은 서신서를 보라. 이제 우리는 개신교의 뼈대에 가까워지고 있다. 이 전체 서신에는 하나의 크고 열정적인 요점이 있다. 유대인의 관습과 율법에 대한 순종을 요구하는 것을 기독교 신앙의 일부로 여기는 것은 복음이 부패한 것이다. 이는 바울이 다양한 예시와 논증을 통해 거듭해서 말하고 있기에, 이것이 바울의 요점임을 쉽게 알 수 있다. 당신이 갈라디아서를 설교하려고 할 때, 매주 10개의 절에서 12개의 절을 하더라도, 서신서에 같은 주장을 문자 그대로 반복하는 열 아홉 개의 메시지가 있다는 것을 곧 깨닫게 된다.

나는 우리 가운데 있는 엄청 경건한 분들이 "글쎄요, 그것은 하나님의 말씀이고 그분은 우리가 그 말을 여러 번 하기를 원하실 것입니다"라고 말할지 모른다. 나는 그것을 이해한다.

그러나 이 메시지를 짧게, 차례차례로 반복한다고 하여 그 힘이 나온다고 말할 수 있는가?

강력한 펀치는 집중적인 빠른 동작이다. 짧은 순간에 여러 예증으로 강력하게 반복하는 바울의 열정적인 제안과 같다. 메시지를 가장 명확하고 강력하게 전달하는 것은 한 번에 취해지는 수사학적 반복이다.

같은 메시지를 9주 동안 설교하는 대신, 동일한 바울의 논증을 반복하는 더 큰 부분을 모아서 갈라디아서의 총 5개의 메시지로 갈라디아서를 설교한다면 어떨까?

우리는 성경의 다른 예로 욥기, 전도서, 사도행전과 같은 책을 고려할 수 있다. 또한, 신앙 훈련에 유용하고 유익한 방법을 숙고할 수 있지만, 가장 좋은 방법은 이러한 성경 본문을—개인적으로 또는 공동으로—설교에서 한 구절 한 구절씩 강해하는 것보다 장르에 따라 설교하는 것이 유용한 것을 알 수 있다.

여기서 내가 제안하는 것은 성경 본문의 장르에 따라 본문을 해석하는 것이 중요하다는 것이다. 그러므로 나는 당신이 성경을 존중하고 하나님께 배우려는 열망으로 담대한 설교를 가치 있게 여기면서도, 역설적으로 성경의 여러 부분을 잘못 사용하거나 놓칠 수 있다는 점을 생각해 보기 바란다.

모든 성경은 유익하고 우리를 가르치지만, 성경의 다양한 부분에서 우리가 사용하고 가르치는 방식은 각 본문이 어떻게 기능해야 하는지에 따라 달라져야 한다(어느 부분은 직접적인 교훈으로, 어느 부분은 우리를 노래와 기도로 인도하는 말씀으로, 어느 부분은 낭송으로). 이렇게 성경은 간결하나 함축적인 말씀으로 우리의 삶을 인도한다는 것이다.

23.
검토와 반성이 없는 설교는 설교할 가치가 없다

소크라테스는 도시의 젊은이들을 타락시켰다는 이유로 동료 아테네인들에게 재판을 받았을 때, "반성하지 않은 삶은 살 가치가 없다"라고 선언했으며 진리를 찾고 말하는 것을 멈추지 않았다.

나는 이 유명한 말을 인용하면서 우리에게 고통스럽더라도 반성하지 않는 설교는 설교할 가치가 없다고 제안한다. 이 말은 다른 사람들이 당신의 설교에 대해 의도적으로 의미 있는 평가를 할 수 있도록 그것을 정기적으로 구해야 한다는 것을 뜻한다. 불편할 수도 있다. 당신은 설교 사역을 위해 체계적이고 의도적으로 '검토(반성)된 삶'을 추구해야 한다. 모든 설교와 설교자는 적어도 약간의 개선의 여지가 있는 방이 있으며 때로는 그 방이 저택 크기이다.

작업을 수행하고 싶지 않은 이유. 당신의 설교에 대해 체계적이고 의도적인 평가는 두려운 전망을 예고한다. 회중이 비판의 소리를 내는 것에 대해 두려워하는 것은 이해할 수 있다. 이러한 비판 중 일부는 정당한 이유가 있으며, 돈이 많이 들 것 같은 당신의 미니밴 엔진 소음과 같이 직면하고 싶지 않을 수도 있다. 이럴 땐 라디오를 켜는 것이 훨씬 쉬울 것이다. 또는 이러한 비판 중 일부는 정당하지 않으며 자신의 편협하고 부정적인 의견에 극도로 자신감을 갖고 있는 냉소적인 사람들의 투덜거림일 수 있다. 이 숨막히는 잡초에 산소와 공간을 주는 것이 도움이 되지 않는다고 생각할 수도 있다.

해리 트루만(Harry S. Truman)이 말했듯이 "모세가 이집트에서 투표를 했다면 어떻게 되었을까?"

작업을 수행해야 하는 이유. 이러한 두려움에도 불구하고, 의도적으로 설교 평가를 구하는 것은 훨씬 더 긍정적이고 중요한 이유가 있다. 모든 분야의 좋은 리더는 끊임없이 평가하고 평가받고 있다.

비즈니스에서, 조직에서 그리고 개인적으로 어느 정도의 성장은 의도하지 않은 시간에 발생할 수 있지만, 결국 '엔트로피'(예측 불허)의 지배를 받는다. 상황이 악화되는 경우 그들은 자연적으로 좋아지지 않는다. 그뿐 아니라 높은 성과를 이룬 사람도 기본으로 돌아가야 하는 경우가 있다. 숙련된 농구팀이 자유투를 놓치고 기운이 없어서 큰 경기에서 지는 경우, 다음 연습은 유산소 조절과 엄격한 슛팅 훈련을 포함해 앞으로 나아가기 위해 기본으로 돌아가는 것이다.

더 나아가 교회에서 설교에 대한 의도적인 평가는 설교자 자신의 성장에 좋을 뿐 아니라 설교자와 다른 모든 사람이 그리스도의 몸이 어떻게 기능하는지 기억하는 데 도움이 된다. 부름받은 설교자는 특별하고 눈에 띄는 역할을 하지만, 왕이나 독재자나 CEO나 특권적인 상속자로서의 역할이 아니다. 설교자는 가르치고 권면하는 역할을 하는 사람이다.

우리가 그리스도의 몸을 건강하게 유지하기 위해 다른 모든 사역 영역에서 올바르게 평가하고 개선을 추구하는 것처럼 우리도 정기적으로 설교 사역에 대한 평가를 받아야 한다.

어떻게 해야 하는가. 나는 당신이 이 잠재되어 있는 두려운 결과에 대해 최소한 열려 있기를 바란다.

실질적으로 어떻게 해야 할까?

평가를 시행하기 위해 수행하는 작업은 평가의 효율성과 가치에 매우 중요하다. 여기에 몇 가지 제안이 있다.

(1) 평가 질문을 안내하는 양식을 만들라.

설교 전달 및 내용 모두에 대한 질문을 포함하라.

무엇이 효과적이었는가?

무엇이 도움이 되었는가?

설교를 들으면서 언제 길을 잃었는가?

(2) 다른 목회자들이 당신을 정기적으로 평가하도록 시작하라.

매주 또는 격주가 이상적이다. 핵심은 설교자가 방어적이 아니라 목회자들이 정직한 피드백을 줄 수 있는 안전한 환경을 만드는 것이다. 나는 안전한 환경에서 예배의 모든 측면을 검토하는 문화를 만든 여러 교회를 알고 있다. 훌륭한 목회자는 겸손과 가르칠 수 있는 능력과 함께 이것을 시작해야 한다.

(3) 다른 교회에서 설교하는 친구들에게, 설교 녹음을 듣고 피드백을 달라고 부탁하는 습관을 들이라. 서로를 위해 정기적으로 두세 사람의 네트워크를 시작하면 좋다.

(4) 당신의 교회에서 설교 평가를 위해 정해진 시간에 만나기 위한 소그룹의 대표자들을 구성하라.

이 그룹에는 다양한 연령, 성별 및 교육 수준이 포함되어야 한다. 말썽꾼을 초대하지 않는 것이 현명하다. 그렇다고 '예스 맨'이 될 사람들만 초대하지는 마라. 평가 양식을 작성하게 하고 6주 동안 매주 이 그룹과 만나라. 이것을 일 년에 한두 번 하라.

베뢰아 교회의 교인들은 바울에게 들은 바를 다 주의 깊게 살피고 설교하는 말씀을 경청했기 때문에 특별히 고상하고 주목할 만한 교회로 여겨졌다(행 17:10-12).

그들이 사도들을 평가하는 면에서 바람직했다면, 우리 자신의 설교에 얼마나 더 동일한 접근 방식을 적용해야 하겠는가?

우리는 보다 충실하고 효과적인 설교를 향한 작은 발걸음을 내딛기 위해 정기적이고 사려 깊은 설교 평가 시스템에 참여해야 한다.

24.
결혼식과 장례식에서 안내자가 되어 주라

나는 여행을 할 때마다—런던의 지붕 없는 버스 꼭대기에서든 뉴질랜드의 호비튼에서 가이드와 함께 걷든—나는 모든 여행 가이드가 똑같지 않다는 것을 알게 되었다. 나쁜 부류의 여행 가이드는 너무 열심히 노력하는 사람이다. 너무 많이 말하고, 피곤하고 형식적인 비유를 사용하며, 여행에서 가장 좋은 부분을 강조하는 대신 가이드 본인이 관심의 중심이 되려고 한다.

그러나 좋은 여행 가이드는 가이드로서 역할을 잘 이해하고 수행하며 여행자들을 기쁘게 하는 사람이다. 이것은 그가 이끄는 사람들과 함께 경치를 감상하는 사람이며 그 장소의 매력과 기쁨을 공유하는 지혜로운 사람이다.

결혼식과 장례식에서 설교하고 사회하는 막중한 임무를 맡을 때 이런 좋은 가이드가 되는 것을 생각해 보길 바란다. 결혼식과 장례식 둘 다 사랑하는 사람이 인생의 한 단계에서 다른 단계로 넘어가고 있는 곳이기에 사람들이 함께 모이는 우리 삶의 비일상적인 특별한 순간이다.

이 중대한 순간에 좋은 목사는 좋은 가이드가 된다. 그는 사람들을 한곳에서 다른 곳으로 인도하며, 그들이 경험하고 있는 것을 보고, 이해하고, 감사하도록 돕는다. 만약 설교를 짧게 간단하게 해야 할 때가 있다면, 바로 이 순간이다. 좋은 목사는 이 모임에서 자신의 역할이 주로 가르치는 것이 아니라 가이드하는 것임을 인식해야 한다.

이런 것은 어떨까?

결혼식에서 훌륭한 가이드가 된다는 것은, 목사가 하나님의 선물인 사랑에 대한 즐거운 축하 행사를 기꺼이 주관한다는 의미이다. 결혼식의 목사, 즉 가이드는 이 남편과 아내가 해야 할 일이나, 결혼이 얼마나 어려운지에 대한 성경 구절을 제시하며 무거운 가르침을 줄 때가 아님을 기억해야 한다. 이런 것은 결혼 전·후 상담실에서나, 때론 정규 설교에 어울리는 주제들이다. 결혼식장에서 그 말을 듣는 사람은 아무도 없다. 모든 사람이 거기에 있으면서 부부의 사랑을 축하하고 두 사람이 한 몸이 되는 것을 축하한다. 여기에 신비가 있다. 그렇게 하라.

좋은 목회자는 불신자들이 많은 그곳에서 45분 설교를 하기 위해 결혼식을 이용하려고 하지 않는다. 그렇다. 그는 부부와 증인들을 하나님의 본성인 사랑의 아름다움과 선함 속으로 초대하고 있다. 이 사랑으로의 초대는 지나치게 감상적이고 감미로운 것이 아니라 진지한 기쁨이다. 가이드는 이 부부의 특별한 이야기를 사용해 진지한 사랑의 기쁨을 그림으로 그린다. 그것이 메시지가 되게 하라.

장례식에서 훌륭한 안내자가 된다는 것은, 목사가 기념식, 즉 하나님의 선물로서의 삶에 대한 중요한 의식을 주관한다는 것을 의미한다. 장례식의 목사, 즉 가이드는 비록 많은 불완전함과 실패 속에 묻혀 있을지라도, 한 사람의 삶의 선함을 기억하고 축하하며 모인 사람들을 인도하기 위해 거기 있는 것이다.

하나님의 형상으로 지음받은 모든 사람에게는 선이 있으며, 이것은 축하받아야 한다. 그곳에 있는 목사는 사람들이 자신의 감정적 혼란을 표현하도록 돕고, 사람들의 경험을 말로 표현하여 이 죽음을 통해 다른 세상에서 살아가는 방법을 배울 수 있도록 한다. 장례식은 감미롭고 감상적인 것이 아니라 기쁘고 진지한 시간이어야 한다.

> 초상집에 가는 것이 잔칫집에 가는 것보다 나으니 모든 사람의 끝이 이와 같이 됨이라 산 자는 이것을 그의 마음에 둘지어다(전 7:2).

남아 있는 사람들이 하나님 아래 있는 삶의 선함을 보고 마음에 새기도록 초대받는다. 생명의 하나님은 예수 그리스도를 통하여 모든 사람에게 자기 안에 있는 생명을 주시는 것이다. 이것이 메시지가 되게 하라.

즉, 결혼식과 장례식을 진지하고 기쁘게 받아들이라. 참석한 사람들이 들어야 한다고 생각하는 것을 모두 말해야 한다는 부담을 스스로에게 지우지 마라. 당신의 역할은 사람들이 자신을 찾은 이 새로운 곳에서 그들을 사랑으로 인도하는 것이다.

사랑과 생명을 주시는 하나님의 선하심 그 아름다움을 볼 수 있도록 당신의 말씀으로 가이드해 주라.

25.
훔쳐라, 하위 창조자들처럼

2011년에 젊은 작가 어스틴 클레온(Austin Kleon)은 뉴욕 북부에 있는 커뮤니티대학에서 강연해 달라는 요청을 받았다. 그것은 큰 강연도 아니었고 그는 유명한 사람도 아니었다. 그는 다른 사람들에게 깊은 인상을 주기 위해 고안된 정교한 연구 논문이나 기술적인 글을 쓰지 않았다. 그 대신에 클레온은 '내가 시작할 때 들었더라면 좋았을 10가지'의 의미 있는 목록을 만들었다. 그의 창의적인 이야기는 입소문을 타기 시작했고 아름다운 것을 창조하는 과정에서 겪는 어려움과 기쁨을 탐구하는 탁월한 책이 되었다.[16]

클레온의 목록 맨 위에는 원래 '훔쳐라, 예술가처럼'이라는 도발적인 충고가 있었다.

클레온은 모든 부류의 예술가 곧 작가, 음악가, 화가는 결국 자신의 창의성에 정말 필요한 좋은 종류의 훔침(도둑질)임을 깨닫는다고 지적한다. 피카소는 이렇게 말했다.

> 훌륭한 예술가는 모방한다. 위대한 예술가는 훔친다. 예술은 도둑질이다.

T. S. 엘리엇(Eliot)은 미성숙한 시인은 모방하고 위대한 시인은 훔친다고 했다. 또는 아주 간단하게, 데이빗 보위(David Bowie)는 자신의 음악을 회상하면서 "나는 우아한 도둑입니다"라고 말했다.

설교 작성을 도둑질처럼?

이 말은 긍정적인 비유처럼 들리지 않는다. 그러나 요점은 심오하다. 설교는 창조의 행위이다. 당신이 선호하는 설교 스타일, 교파적 전통 또는 개인의 성품에 상관없이 설교는 창조적인 행위이다. 그리고 모든 창의성에는 필요한 종류의 도둑질이 포함된다.

우리의 창조성과 하나님의 창조성 사이에는 결정적인 차이가 있다. 무(無)로부터의 창조는 하나님만이 할 수 있다. 하나님의 창조는 훔치는 것이 아니다.

그러나 우리는 필연적이다. 우리의 창조는 항상 다른 아이디어, 은유, 텍스트, 자료 및 이미지를 결합해 좋은 것을 전달하고 다른 사람에게 생명을 주고자 모아서 만든 것이다. 톨킨의 유명한 말을 빌리자면 '하위 창조자들'이다. 그러므로 우리가 설교를 작성하고 설교하는 것은 기적이고 창조적인 행위이다. 그리고 그것은 도둑질이다.

다른 사람들의 아이디어와 통찰력을 창의적으로 조합해야 한다는 말은, 어스틴 클레온의 창의적으로 하려면 염치없이 '훔쳐라, 예술가처럼'의 의미와 같다. 우리의 설교가 남의 것을 훔쳤다고 놀라거나 부끄러워해서는 안 된다. 우리의 작업은 대가(大家)의 작업실에 있는 견습생의 노동에 지나지 않는다.

그렇다면 이 예술적 도둑질을 인식하는 것은 우리의 설교에 어떤 영향을 미치는가?

간단한 한 문장으로 요약하자면 다음과 같다.

행복하게 지혜롭게 다른 사람들에게 배우라.

설교는 혼자 쓸 수 없다. 설교에서 모든 새로운 아이디어를 생각해 낼 필요가 없다(사실, 그렇다면 아마도 매우 나쁜 생각일 것이다). 당신이 강단에서 설교를 잘하는 데 도움이 되는 다른 사람들의 통찰력을 기꺼이 살펴보아야 한다. 사실, 다른 사람의 통찰력을 배우는 것은 지혜로울 뿐만 아니라 하나님이 우리 동료 인간에게 주신 선물을 존중하는 것이기도 하다.

이 행복한 배움은 다음을 의미한다.

첫째, 좋은 설교를 읽고 듣고, 주석을 공부하고, 다른 독자, 사상가, 목사와 의도적인 대화를 나누는 것.

둘째, 논픽션, 특히 위대한 픽션(소설)을 폭넓게 읽는다. 나는 종종 소설 읽는 습관을 들이기 위해 교수와 목사로 일하고 있다고 농담을 한다. 그러나 농담은 차치하고, 내 시간의 많은 부분을 훌륭한 이야기에 할애하기 때문에 나의 설교, 티칭, 생각은 엄청나게 강하다고 생각한다.

셋째, 쓰기 기술에 중점을 둔다.

글을 잘 쓰는 법을 배우기 위한 한 가지 팁은 훌륭한 문장이 만들어지는 방법에 관심을 가지고 다른 사람의 책에서 멋진 구절을 물리적으로 모방하는 것이다. 또한, 좋은 글을 소리 내어 읽고 리듬과 속도, 음색을 느껴야 한다.

넷째, 다른 사람의 설교에서 수사적으로 작동하는 것을 분석하고 시도한다.

이런 것들이 '작은 설교'의 단계를 만드는 것을 의미한다. 물론 어리석고 사악하게 사용할 수도 있는데, 이것을 표절이라고 부른다. 그리고 우리는 평범한 도둑, 중고품이 됨으로써 '훔쳐라, 예술가처럼'의 명상의 어두운 가장자리에 쉽게 떨어질 수 있다.

나는 내가 들었던 설교의 일부를 더 유명한 설교자가 권한 없이 도용했다고 들었다. 나쁜 일이다.

옹졸한 도둑처럼 훔치는 것이 아니라 예술가처럼 훔쳐라. 예술가처럼 도적질하고 예술가처럼 설교한다는 것은 다른 사람의 도움을 인정하고 기뻐하는 것이지, 결코 혼자 하는 것처럼 행동하지 않는다는 것을 의미한다.

당신이 공동체에서 수행하는 하위 창조자의 역할을 인식하면, 편안하고 아름다운 겸손의 옷을 어깨에 두르며 자유롭게 설교 생활을 할 수 있다. 당신의 사람들이 당신에게 필요로 하는 것은 모든 것을 당신 스스로 생각해 내는 능력이 아니다. 그들은 당신이 예술가처럼 훔치는 법을 배우기 위해 당신의 시간과 에너지를 바치는 것을 필요로 한다.

결론

우리는 작은 것의 놀라운 장점에 대해 이야기하면서 이 책을 시작했다. 작은 것이 위대한 것임을 인식한다면 우리 삶에 의도적으로 적용해야 한다. 자기 훈련, 스포츠, 관계 또는 설교에서 사려 깊은 작은 단계가 실제적이고 지속적인 변화를 만드는 방법이다. 이 작은 책이 이러한 단계를 통해 여러분에게 영감을 주기를 바란다.

나는 최근 몇 달 동안 골프에 대해 진지하게 생각하고 있다. 골프를 아는 사람이라면, 누구나 골프가 '인생 교훈'에 대한 성찰을 쉽게 불러일으키는 스포츠라는 것을 알게 된다. 골프는 경기가 구조화되고 플레이되는 방식에서 스포츠 자체를 넘어 적용되는 은유와 원칙으로 무르익는다.

작은 원칙도 마찬가지이다. 골프는 아주 작은 경기이고, 작은 것에 주의를 기울이면, 큰 발전을 이룰 수 있다. 골프채를 공에 대고 휘두르고 똑바로 가도록 하는 것이 꽤 쉬울 거라고 생각할 수 있지만, 골프는 신체의 무수히 많은 부분과 관련되기 때문에 매우 까다롭다. 손목, 엉덩이, 눈, 어깨, 무릎, 척추 및 발은 모두 항상 적절한 시간에 올바른 작업을 수행해야 한다.

골프는 확실히 모든 면에서 작게 하나하나 움직여야 하는 '작은' 공 스포츠이다. 그리고 무언가가 작동하지 않을 때 큰 차이를 만드는 운동이다. 그립을 약간 조정하면, 머리와 무릎의 위치, 클럽 페이스의 위치, 볼의 티 높이, 작은 변화가 큰 차이를 만든다.

설교자로서의 우리의 삶도 그렇다. 작은 조정은 우리가 우리의 에너지를 집중해야 하는 곳이다.

나는 밥 로텔라(Bob Rotella)의 유명한 골프 심리학 책 『골프는 완벽한 경기가 아니다』를 읽었다.[17] 로텔라는 우리가 골프를 할 때 모든 샷, 모든 착지, 모든 퍼트가 완벽할 것이라는 기대를 갖고 있다면, 그 기대에 부응하지 못한 것에 대한 좌절감으로 경기의 기쁨을 잃게 될 것이라고 말한다.

그 대신 골퍼는 모든 샷의 도전에 대해 사랑하는 법을 배워야 하며, 분노, 두려움, 징징거림, 속임수와 같은 대안이 당신의 경기를 향상시키는데 좋지 않다는 사실을 받아들여야 한다. 이 지혜를 우리 삶 전반에 적용하는 것은 분명히 좋다. 실제로 로텔라는 나중에 『인생은 완벽한 경기가 아니다』라는 제목으로 비슷한 책을 저술했다.[18]

좋은 예술가처럼 행복하게 훔치는 것(제25장 참조), 나는 이것을 우리의 설교에 적용하고 싶다. 설교는 완벽한 경기가 아니다. 어떤 설교도 완벽할 수 없으며, 설교는 평생 실패, 실수, 놓친 기회, 불완전함이 있을 것이다.

하지만 괜찮다. 우리의 부르심은 완벽함이 아니라 충실함이며, 손으로 쓰는 걱정이 아니라 즐거운 섬김이다. 설교에 대한 이 비전은 우리의 사역의 과정을 통해 살아나고 정제되어야 하며 오늘부터 작은 발걸음이 앞으로 나아갈 길이다.

설교 후에 비판을 받고 냉정을 잃을 수도 있다. 아니면 칭찬을 받고 그 칭찬이 머리에 쏙쏙 들어오기 시작할 수도 있다. 아니면 '한 형제' 설교 계획 모임을 시작하려 하다가 실패할 수도 있다. 또는 설교 초고를 작성하고 나면 매우 마음에 들지 않을 수도 있다. 모두 괜찮다. 설교는 완벽한 경기가 아니다. 참되고, 선하고, 아름다운 설교를 위해 작은 발걸음을 계속 내딛어라. 이것이 설교자로서 충실한 모습이다.

지금 당신이 세상 어디에 있든지, 사역에 있든지, 오늘은 설교를 의도적으로 준비해야 할 때이다. 당신이 노련한 전문가이든 1년 차 설교자이든, 온라인으로 25명에게 설교하든 1,000명에게 직접 설교하든 상관없이 지금은 더 나은 설교를 위한 작은 발걸음을 내디딜 때이다.

나와 함께 설교의 여행을 떠나자.

미주

저자 서문

1 James Lang, *Small Teaching: Everyday Lessons from the Science of Learning* (Hoboken, NJ: Jossey-Bass, 2016).

1. 칭찬을 조심스럽고 기쁘게 다루기

2 Emily Dickinson, "Fame is a Bee," in The Poems of Emily Dickinson, ed. R. W. Franklin (Cambridge: Harvard University Press, 1999)..

4. 지휘로서의 목회

3 Shanker Vedantam, "Do Orchestras Really Need Condutors?," All things Considered, November 27, 2012, https://www.npr.org/sections/deceptivecadence/2012/11/27/165677915/do-orchestras-really-need-conductors.

4 Tom Service, Clemency Burton-Hill, "What Does a Conductor Actually Do?"에서 인용, http://www.bbc.com/culture/story/20141029-what-do-conductors-actually-do..

5 Burton-Hill, "What Does a Conductor Actually Do?"

6 Benjamin Zander, "The Transformative Power of Classical Music," TED Talk, http://www.npr.org/2017/11/10/562884481/bejamin-zander-how-does-music-transfo-rm-us..

5. 하나님의 변호사가 아니라 하나님의 증인이 되라

7 E. Stanley Jones, Ruth A. Tucker, *From Jerusalem to Irian Jaya: A Biographical History of Christian Missions* (Grand Rapids: Zondervan, 2011), 331에서 인용..

7. 엔코스틱(encaustic) 설교

8 이 은유의 원래 영감은 나의 뛰어난 친구이자 동료인 매튜 웨스터홈(Matthew Westerholm) 박사와의 고무적인 대화에서 나왔다.

8. 생각하듯 원고 작성

9 Annie Dillard, *The Writing Life* (New York: Harper & Row, 1989), 2-3.

9. 조각으로서의 설교 작성

10 이 은유는 내 자신의 경험에서 나온 것이다. 이 글을 쓴 후 얼마 지나지 않아 나는 라메쉬 리차드가 쓴 『삶을 변화시키는 7단계 강해설교 준비』(*Scripture Sculpture* [Grand Rapids: Baker Books, 1995])라는 설교학 책에 대해 경각심을 불러일으켰다.

11. 교육의 리듬과 퍼즐 조각 맞추기

11 이 글은 로널드 알렌(Ronald J. Allen)의 탁월한 책, *The Teaching Sermon* (Nashville: Abingdon, 1995)에 빚지고 있다.

12. 당신이 사랑하는 것을 없애기

12 Anne Lamott, "12 Truths I learned from Life and Writing," TED2017, https://www.ted.com/talks/anne_lamott_12_truths_i_learned_from_life_and_wrting/tr-anscript#t-408188.

15. 설교의 첫 순간

13 나의 유튜브 채널 <Cars, Coffee, Theology>를 확인해 보라.

19. 예측의 힘

14 Lang, *Small Teaching*, 48.

20. 모든 설교를 이야기로

15 이 그래프의 다른 버전 또는 이야기의 흐름 방식에 대한 더 자세한 논의는 기독교문서선교회(CLC, 2015)에서 출간한 조나단 T. 페닝톤의 『복음서 읽기』(*Reading the Gospel Wisely: A Narrative and Theological Introduction* [Grand Rapids: Baker Academic, 2012])에서 찾을 수 있다.

25. 훔쳐라, 하위 창조자들처럼

16 Austin Kleon, *Steal Like an Artist: 10 Things Nobody Told You about Being Creative* (New York: Workman, 2012).

결론

17 Bob Rotella with Bob Cullen, *Golf Is Not a Game of Perfect* (New York: Simon & Schuster, 1995).

18 Bob Rotella with Bob Cullen, *Life Is Not a Game of Perfect* (New York: Simon & Schuster, 1999).